Não existem casamentos perfeitos
Experimente a liberdade de serem *verdadeiros* juntos

Não existem casamentos perfeitos
Experimente a liberdade de serem **verdadeiros** juntos

Jill Savage & Mark Savage

1ª edição

Santo André, SP
2019

This book was first published in the United States by Moody Publishing, 820 N LaSalle Blvd, Chicago 60610-3284, with the No more perfect Mariages, ©2017, by Jill Savage and Mark Savage
Todos os direitos desta obra em português pertencem à Geográfica Editora © 2020

1ª Edição – 2020
Impresso no Brasil

Editor responsável
Marcos Simas

Supervisão editorial
Maria Fernanda Vigon

Tradução
Clara Simas

Preparação de texto
Carlos Fernandes

Revisão
João Rodrigues Ferreira
Carlos Buczynski
Nataniel Gomes
Patricia Abbud Bussamra

Diagramação
PSimas

Todas as citações bíblicas foram extraídas da NVI – Nova Versão Internacional, da Sociedade Bíblica Internacional. Copyright © 2001, salvo indicação em contrário.

Para qualquer comentário ou dúvida sobre este produto, escreva para produtos@geografica.com.br

S264n	Savage, Jill
	Não existem casamentos perfeitos: experimente a liberdade de serem verdadeiros juntos / Jill Savage e Mark Savage. Traduzido por Clara Simas. – Santo André: Geográfica, 2019.
	272p. ; 16x23cm.
	ISBN 978-85-8064-252-0
	1. Casamento. 2. Casal. 3. Amor. 4. Vida cristã. 5. Relações conjugais. I. Título. II. Savage, Mark. III. Simas, Clara.
	CDU 265.5

Catalogação na publicação: Leandro Augusto dos Santos Lima – CRB 10/1273

ELOGIOS SOBRE *NÃO EXISTEM CASAMENTOS PERFEITOS*

Nos anos em que conheci Mark e Jill Savage, observei-os caminharem através de grandes desafios com graça surpreendente – e vi como Deus criou algo bonito para eles e por intermédio deles. Mark e Jill aprenderam lições da maneira mais difícil, enquanto nós podemos aprendê-las, simplesmente, estando dispostos a ouvir e agir. Adoro como este livro combina as vozes de ambos, para nos dar uma imagem encorajadora e muito prática dos passos que eles deram e que qualquer um de nós pode dar, para construir o casamento que ansiamos.

SHAUNTI FELDHAHN
Pesquisadora social e autora dos best-sellers *Somente para mulheres* e *Somente para homens.*

Muitas pessoas *dizem* que dá para consertar um casamento desfeito, porém Mark e Jill *mostram* como fazê-lo. Por meio deste livro, eles compartilham a história deles, enquanto também lhe dão ferramentas e princípios para fortalecer seu casamento imperfeito. Este é um recurso maravilhoso para todos os casais.

JULI SLATTERY
Psicóloga e presidente do ministério *Authentic Intimacy* (Intimidade Autêntica).

Jill e Mark voltaram do desespero, enquanto vivenciavam seu casamento indo para o abismo em um poço de destruição. Desafiando-se para crescer e descobrir as raízes do que tornou difícil o matrimônio, eles lhe dão um modelo para ajudar em seu próprio casamento. Junte-se a Mark e Jill na jornada de mudança deles enquanto tomam posse, forjam novos caminhos e experimentam as bênçãos da perseverança.

MILAN E KAY YERKOVICH

Autores de *How We Love* (Como nós amamos).

Real. Cru. Relacionável. Isso é o que Mark e Jill Savage são em *Não existem casamentos perfeitos*. Se o seu casamento precisa de uma reforma ou apenas de um ajuste, a mensagem de esperança e cura dos Savage vai ressoar e encorajá-lo. Mark e Jill experimentaram "para o melhor ou para o pior" – e eu, sinceramente, agradeço-lhes por serem tão transparentes. Eles estão certos: todo casamento necessita de reparos, incluindo o meu. Mesmo depois de vinte e sete anos de casamento, *Não existem casamentos perfeitos* me encorajou. Biblicamente sólido, culturalmente relevante e com espírito de aliança, este livro é para todos os casais!

HEIDI ST. JOHN

Autor, palestrante e podcaster do site *The BusyMom.com*.

Como esperado, Mark e Jill escreveram um livro bastante, honesto e útil para casais que, de vez em quando, se questionam sobre seus casamentos "imperfeitos". *Não existem casamentos perfeitos* parece uma conversa casual durante um café e uma sessão intensa de terapia em uma única experiência. Se você quer melhorar, salvar, restaurar ou renovar seu casamento, leia este livro.

MIKE BAKER

Pastor sênior na igreja cristã de Eastview em Normal, Illinois, EUA.

Na imensidão de recursos de casamentos, *Não existem casamentos perfeitos* se destaca de um jeito excepcional! Por meio de *insights* diretos, os Savage compartilham como impedir que o casamento entre em um estado de torpor e chegue ao fim. Com uma nova percepção e sinceridade autêntica,

Não existem casamentos perfeitos é uma leitura necessária para qualquer um que deseje um casamento vibrante e próspero.

LAURA PETHERBRIDGE

Palestrante, autora de *When "I Do" Becomes "I Don't"* (Quando "aceito" se torna "não aceito") e coautora de *The Smart Stepmom* (A madrasta inteligente).

Não existem casamentos perfeitos é recheado de ferramentas práticas e sabedoria bíblica que permitirão que os leitores criem respostas saudáveis em momentos desafiadores no casamento. Estou animada em adicionar a história e a sabedoria de Jill e Mark Savage à nossa lista de recursos recomendados a casais que buscam aconselhamento em nosso centro.

MICHELLE NIETERT

Conselheira supervisora profissional licenciada, diretora clínica de *Community Counseling Associates* (Associados de Aconselhamento Comunitário).

Por muitos anos, pensei que eu era a única em um casamento "difícil". Todos os outros faziam parecer tão fácil, tão perfeito, tão... feliz! Claro, tivemos muitos momentos felizes, mas também alguns momentos de luta exaustiva, trabalho duro e frustração. Com voz honesta de experiência "suada", Mark e Jill Savage substituem corajosamente a ideia de "conto de fadas" de Hollywood, pelo projeto de um relacionamento saudável e com alicerce sólido. Se você está buscando uma história autêntica, direções práticas do que fazer e quer construir um verdadeiro e duradouro casamento, saiba que encontrou!

MICHELE CUSHATT

Palestrante e autora de *Undone: A Story of Making Peace With an Unexpected Life* (Desfeita: uma história de ficar em paz com uma vida inesperada).

Não existem casamentos perfeitos é um livro que todo casal em busca de um casamento melhor deve ler. Com ousadia e transparência, Jill e Mark abordam os maiores desafios do casamento e oferecem soluções reais baseadas na Bíblia. Sou casada há 35 anos e meu marido e eu leremos *Não existem casamentos perfeitos* juntos.

MEG MEEKER
Autora best-seller criadora do curso online: *The 12 Principles of Raising Great Kids* (Os doze princípios para criar filhos excelentes).

Casais enfrentado todas as etapas de um casamento, se beneficiarão deste livro e suas sugestões práticas, baseadas em princípios bíblicos. Especificamente, Mark e Jill ensinam aos leitores a como reconhecer e lidar com sete elementos que podem se infiltrar no casamento a qualquer momento. Recomendo bastante esta obra e agradeço a Mark e Jill pela disposição em compartilhar sua história para ajudar os outros.

DEB ALEXANDER
Casada há 26 anos com Jerry.

É ótimo ler um livro escrito a partir de dois pontos de vista diferentes, e isso torna a obra perfeita para que seja discutida com seu cônjuge. Compartilhar seu passado de forma honesta e abertamente, nos ajuda a entender melhor a nossa própria história. Obrigado pelas ferramentas para uso futuro! Vocês as mantiveram simples, explicando suas aplicações práticas por todo o livro. Seus métodos são atemporais, sendo úteis em todas as etapas de um casamento.

DON E CATHY ROBERTS
Casados há 45 anos (e o melhor ainda está por vir!).

Este livro se encaixa em um nicho único na categoria de ajuda conjugal. Usando o tema de reforma da casa, os autores apelam para o modo "mão na massa", enquanto, ao mesmo tempo, oferecem conhecimento íntimo e honesto de assuntos do coração. Uma ferramenta inestimável para qualquer casal. Acredito que Jill e Mark realmente acertaram em cheio com este livro!

ROBYN WILLIAMSON
(Bem) casada por 23 anos.

Enquanto eu adoraria ter lido *Não existem casamentos perfeitos* vinte anos atrás, fico feliz em saber que ainda existem coisas que posso fazer para tornar meu casamento melhor. Cada fase de um relacionamento traz novos desafios — este livro lista cada um e oferece planos para superá-los.

MARCIA FETZER
Advanced Copy Reader*

Não existem casamentos perfeitos me ajudou a ver e identificar as diferenças entre meu marido e eu. Tive que confrontar e desafiar minha ideia de que eu estava certa no jeito de encarar a vida e meu marido, errado. Este livro me ajudou a entender melhor meu esposo e me deu ferramentas que me auxiliaram a lidar com as nossas diferenças. Realmente mudou a minha visão do meu casamento.

JULIE FRITSCH
Advanced Copy Reader

Em seu estilo sincero e pé no chão, Mark e Jill partilham lições que aprenderam por experiência própria e com o conhecimento adquirido de seu casamento. Este livro pode ajudar casais a construírem um melhor relacionamento em qualquer estágio do casamento. Gostaríamos que esta obra tivesse sido escrita antes de nos casarmos!

SCOTT E BONNIE MILLER
Casados há 37 anos e ainda aprendendo um sobre o outro.

****N. do T.**: aquele que lê um livro antes de ser publicado.

Não existem casamentos perfeitos nos deu um modo de discutir as dificuldades de um casamento hoje em dia de uma maneira real. É muito bom saber que não somos os únicos que têm dificuldades e que a graça de Deus é real!

NATE KLINGER

Marido, pastor, pregador, líder de louvor e peregrino na jornada.

Sumário

Prefácio	13
Introdução	15
1. Bem-vindo ao nosso verdadeiro casamento – e talvez ao seu também	19
2. Qual a sua planta arquitetônica?	33
3. Pegue suas ferramentas de Deus	49
4. Ame o real, não o sonho	81
5. Se importa para mim, deve importar para você também	101
6. Quando disse "aceito", eu não quis dizer isso!	117
7. As louças vão para o lava-louças de uma única forma	139
8. "Eu não estou exagerando!"	163
9. Cuidado com a areia movediça	179
10. Nu, mas não envergonhado	203
11. Contentamento, liberdade e esperança	215
Apêndice A: Inventário de sistema operacional pessoal	221
Guia de discussão	233
Agradecimentos	259
Conecte-se com Mark e Jill	261
Sobre os autores	263

Prefácio

Atuei como conselheiro matrimonial por mais de quarenta anos e nunca vi um casamento perfeito. Uma vez, perguntei ao público que me ouvia: "Alguém aqui conhece um marido perfeito?" Imediatamente, um homem levantou sua mão e gritou: "O primeiro marido da minha esposa." Minha conclusão é de que, se existem maridos perfeitos, eles estão mortos e só atingiram a perfeição após a própria morte. A realidade é: não existem maridos ou esposas perfeitos. Então, por que esperamos que existam casamentos perfeitos?

É muito mais realista procurar um casamento que *cresça*. Casamentos podem crescer ou regredir; nunca se mantêm estáveis. Um casamento em crescimento cria um clima emocional positivo, no qual os cônjuges percebem que estão indo em boa direção. As coisas estão melhorando conforme buscamos entender melhor um ao outro e trabalhamos em equipe. No entanto, crescimento requer nutrição. Nenhuma planta cresce bem sem nutrientes. E o crescimento começa

Não existem casamentos perfeitos

na inspeção do solo no qual está plantada. A família na qual você cresceu, exerceu um tremendo impacto no seu desenvolvimento mental, emocional e espiritual. Carregamos esses padrões que aprendemos na infância para o casamento, quando maridos e esposas se encontram, vindo de *jardins* diferentes. Essas diferenças geram conflitos – e conflitos, geralmente, geram discussões. Discussões não resolvidas, por sua vez, geram a construção de muros, que tornam a comunicação mais difícil.

A certa altura de sua vida conjugal, muitos casais começam a sentir que não há esperança para sua relação. As diferenças são muito grandes; as feridas, profundas. Tudo já acontece por muito tempo e parece que não há o que fazer. É nessa fase que, geralmente, um deles toma a decisão de ir embora, em busca de alguém compatível. O triste é que o novo cônjuge também cresceu em um ambiente diferente, e novos conflitos virão à tona. A taxa de divórcio é maior no segundo casamento quando comparado com o primeiro; e no terceiro matrimônio é ainda mais alta! A resposta não é fugir, e sim aprender.

Neste livro, você conhecerá os verdadeiros Mark e Jill Savage. Eles não são um casal perfeito, mas um casal em crescimento. Descobrirá como casais desvanecem no desespero, mas também como transformar esse processo em crescimento. Caso decida ter um casamento em constante crescimento, este livro lhe dará as direções. Lembre-se: escalar uma montanha pode ser um processo lento, mas cada passo o encoraja a dar mais um.

DR. GARY D. CHAPMAN

Autor de *As cinco linguagens do amor*

Introdução

Estar nu em público.

Esta foi a sensação que tivemos ao escrever este livro.

Apavorante. Honesto. Real. Autêntico. Libertador. Após anos resistindo à vulnerabilidade total, nós agora estamos comprometidos com a autenticidade tanto dentro quanto fora do nosso casamento. Preferimos assim.

Estar nu, sem disfarces, tem sido nossa busca desde quando o nosso casamento implodiu, há cinco anos. Nós cavamos fundo, tiramos as máscaras, retiramos camadas externas e, finalmente, nos encontramos no casamento que sempre quisemos.

E, claro, nosso casamento não é perfeito, nem o seu. Estamos casados há 25 maravilhosos anos e estamos prontos para celebrar nosso 34º aniversário. Ao longo desse tempo todo, lidamos com a bagagem da infância, as diferenças de personalidade e temperamento, a nossa tendência a criticar e julgar, as nossas expectativas irreais, as marés altas e baixas do "amor" e muito mais. Nossa promessa a você é uma história honesta e uma vontade de compartilhar a sabedoria adquirida com esforço ao longo do caminho.

Torcemos para que você abrace o seu real, belo, fragmentado e imperfeito casamento e permaneça no jogo até o fim. Este não é um livro sobre casamento cheio de princípios infundados. Isto aqui é a vida real, vivida em toda sua confusão! Aqui está uma lista do que você *não* verá neste livro:

Estereótipos – Queremos acabar completamente com isso. Não somos o casal habitual de "esposa emotiva" e "marido lógico". Acreditamos que você também não se encaixa no estereótipo de alguma forma. Em vez disso, estamos comprometidos em ajudá-lo a descobrir como Deus fez você e seu cônjuge, para que possam aprender como dançar juntos sem pisar no pé do outro.

Expectativas irreais – Casamento é trabalho duro. Vocês são maravilhosamente incompatíveis. Vocês terão conflitos, ficarão frustrados um com o outro e terão que lidar com coisas que jamais pensaram que teriam de enfrentar. Isso é normal. A regra-chave é aprender a ver frustrações por meio de outros olhos e encontrar caminhos para contorná-las.

Perfeição – Não existem maridos perfeitos. Não existem esposas perfeitas. Não existem casamentos perfeitos. Muitas vezes, sentimos que somos os *únicos* que lidamos com desafios em nosso casamento. Vocês não são diferentes de outros casais que tentam trazer coesão entre duas pessoas imperfeitas. Porém, sabemos que se sentirão mais normais após lerem este livro.

Ideias fantasiosas – Não há nada escrito nestas páginas que não tenha sido provado e não seja verdadeiro. As situações narradas foram vividas por nós mesmos ou por outros casais que tiveram o privilégio de encontrar uma estratégia bem-sucedida e nos permitiram compartilhá-las com vocês.

Introdução

Projetamos este livro para ser usado de diferentes maneiras:

Individualmente – Se você é o leitor e seu cônjuge não, tudo bem! Leia, aprenda e aplique – seu casamento será melhor por conta disso. Se seu cônjuge quiser ouvir algumas seções que são particularmente significativas para você, compartilhe conforme for lendo. Este livro menciona diversos testes que vão ajudá-lo a se conhecer melhor. Se o seu cônjuge estiver disposto, deixe-o fazer os testes também! (Se você compreende inglês, pode se inscrever no desafio *Get Naked Email Challenge*, no site NoMorePerfectMarriages.com).

Como casal – Um encontro duplo com Mark e Jill! Quando lemos livros juntos, fazemos de três formas: (1) revezamos a leitura em voz alta, juntos, cada noite, antes de apagarmos as luzes; (2) revezamos a leitura do mesmo livro com marcadores de texto de cores diferentes (funciona melhor no livro impresso, mas pode ser feito com e-books também); (3) compramos dois exemplares do livro. Cada um lê em seu próprio ritmo e então discutimos, conforme avançamos a leitura.

Como estudo em grupo – Apropriado para pequenos grupos de casais, estudo para homens e mulheres ou grupos de mães, o guia de discussão no fim do livro funcionará para todos os tipos de grupos. Para facilitar a discussão, existem também vídeos para serem usados no site NoMorePerfectMarriages.com.

Não importa a forma como você decidiu passar esse tempo com a gente – estamos felizes de poder fazer isso juntos! Se quiser continuar recebendo encorajamento, pode se inscrever em nossos posts do blog, em www.JillSavage.org.

Agora, vamos nos aprofundar e experimentar a liberdade de sermos verdadeiros juntos!

– Mark e Jill

CAPÍTULO 1

Bem-vindo AO NOSSO VERDADEIRO CASAMENTO – E TALVEZ AO SEU também

Jill se lembra: Foi nossa primeira discussão, e aconteceu em algum lugar na cordilheira das Montanhas Rochosas. Estávamos havia cinco dias em nossa lua de mel e tínhamos parado em um acampamento próximo a uma estrada sinuosa. Armamos nossa barraca sob a chuva e ficamos irritados um com o outro no processo. Aborrecida, saí andando nervosa pela estrada da montanha, esperando que ele fosse atrás de mim. Vários minutos depois, sem ter sido procurada, retornei à barraca encharcada e me sentindo insignificante. *Eu não esperava que o casamento fosse assim.*

Mark se lembra: Estávamos casados havia dois anos. Parecia que nosso fim de semana era um desentendimento depois do outro. Nós, simplesmente, éramos muito diferentes! Enquanto entrávamos

Não existem casamentos perfeitos

no carro a caminho da igreja, ficou claro que iríamos nos atrasar mais uma vez. Eu odeio me atrasar e estava furioso. Na minha raiva, peguei a bolsa da Jill e joguei no chão do carro. *Eu não esperava que o casamento fosse assim.*

Somos a família Savage. Estamos casados há 33 anos. Vinte e cinco destes foram felizes.

Embora pareça esquisito começar um livro sobre casamento dessa forma, é sincero, e provavelmente não diferente do que você tem vivido em seu casamento. A combinação de duas vidas em um relacionamento é um trabalho duro e complicado. Às vezes, isso nos deixa sobrecarregados. Contudo, é um processo que nos ensina humildade, traz esclarecimento e é uma das maneiras mais eficazes de nos fazer crescer.

Muitos de nós iniciamos o casamento cheios de estrelas nos olhos e acreditando que nosso cônjuge irá satisfazer as nossas necessidades, realizar nossos sonhos e atender às nossas expectativas. Passamos meses nos preparando para nossa festa de casamento e somente poucas horas – quando temos algum tipo de aconselhamento pré-matrimonial – nos preparando para o casamento em si. Na cerimônia, prometemos em nossos votos que iremos nos amar "no melhor e no pior, na riqueza e na pobreza, na saúde e na doença" sem ter entendimento do que isso possa ser na prática.

A realidade bate quando você descobre que a pessoa com quem se comprometeu, coloca o rolo de papel higiênico ao contrário no suporte. Não só isso: ela também pensa, lida com a vida, administra conflitos, se preocupa com dinheiro, com sexo, com problemas, com estresse – e toma decisões de um jeito diferente de você. Parece que opostos realmente se atraem, e pensamos: *Eu não esperava que o casamento fosse assim.*

Um casamento verdadeiro não é perfeito. Um casamento verdadeiro são duas pessoas sendo aperfeiçoadas. Venha conosco e compartilharemos nossa história e as lições aprendidas ao longo do

Bem-vindo ao nosso verdadeiro casamento —
e talvez ao seu também

caminho. Finalmente, descubra como Deus usa o casamento para nos refinar de maneira que nunca poderíamos imaginar.

NOSSA HISTÓRIA

Jill: Mark e eu nos conhecemos em um encontro às escuras. Cada um de nós tinha um amigo que não nos deixava em paz. "Você precisa conhecer esse cara", ela disse. "Você precisa conhecer essa garota", ele disse. Finalmente, de modo a fazer com que eles calassem a boca, nós dois cedemos e concordamos em ir a um encontro. Eu tinha 18 anos e Mark, 22. Estávamos noivos três meses depois e casados após dez meses daquele primeiro encontro. Sim, éramos jovens e apaixonados, porém casamos com a bênção de nossas famílias.

Mark: Eu estava trabalhando para uma empresa familiar de plástico e vidro quando nos casamos. Trabalhava durante muitas horas. Às vezes, sete dias na semana. Jill era aluna de tempo integral na Universidade de Butler, buscando seu diploma em educação musical. Éramos ocupados, mas felizes.

Jill: Aos 11 meses de casamento, eu estava grávida. Fomos pais antes de celebrar nosso segundo aniversário como casal. Dois anos depois, eu tive o bebê número dois no dia da minha formatura. Nem preciso dizer que recebi meu diploma pelo correio...

Mark: Nunca cursei faculdade e senti que fui chamado para o ministério. Então, depois que Jill se formou, nos mudamos da cidade em que crescemos – Indianápolis, em Indiana – para Lincoln, no Illinois, com nossa filha de dois anos e nosso filho de seis meses, para que eu pudesse frequentar o Lincoln Christian College (hoje conhecido como Lincoln Christian University).

Jill: Moramos em Lincoln durante um ano e meio, e depois Mark começou a estagiar em uma grande igreja em Bloomington, pela qual estávamos apaixonados. Ele terminou sua graduação viajando diariamente entre Bloomington e Lincoln. Àquela altura, havíamos

Não existem casamentos perfeitos

adicionado três Savage à nossa família – dois por nascimento e um por adoção.

Mark: Fui pastor de crianças por dez anos e plantei uma igreja onde fui pastor sênior por outros dez. Jill iniciou um ministério para mães chamado *Hearts at Home* (Corações em Casa). O ministério cresceu rapidamente, e logo ela começou a dar palestras e a escrever. Com frequência, nós palestrávamos juntos sobre casamento. Estávamos com muitas responsabilidades, mesmo tendo que cuidar de cinco crianças e dois grandes ministérios.

Jill: Durante nossos vinte anos de ministério, experimentamos o "na alegria ou na tristeza". Em diversas ocasiões procuramos aconselhamento matrimonial, buscando ajuda para enfrentar os problemas que não conseguíamos resolver sozinhos. Mark e eu viemos de famílias muito diferentes. Nossas diferenças eram quase invisíveis enquanto namorávamos, mas aumentaram bastante assim que dissemos "Aceito!" E mesmo aquelas diferenças que observamos antes de casar, pareciam fáceis de mudar com o tempo.

Mark: Seis anos atrás, eu me perdi. Lembro do dia em que decidi tomar o caminho errado. Após um longo período de confusão emocional, de um árduo ministério, de uma mudança de emprego e diante de meu aniversário de 50 anos, Jill e eu estávamos na Flórida, em uma viagem sozinhos. Eu estava emocionalmente exaurido, desiludido com Deus e desanimado em todos os aspectos da minha vida, incluindo meu casamento.

Aproveitamos alguns dias de descanso no apartamento dos pais da Jill. Em nosso último dia, todas as minhas emoções colidiram. Deus não estava mudando em minha vida nada do que eu estava pedindo em oração. Minha existência não estava de acordo com aquilo que, um dia, imaginei que seria quando tivesse 50 anos. Continuávamos tendo os mesmos problemas em nosso casamento ano após ano, e então decidi que já estava cansado

Bem-vindo ao nosso verdadeiro casamento — e talvez ao seu também

daquilo tudo. Hoje eu entendo que estava passando por uma forte crise de meia-idade.

Voltei para casa decidido a terminar o meu casamento. Pouco tempo depois, comecei um relacionamento virtual com uma pessoa que conhecia havia bastante tempo. Dentro de meses, o caso emocional evoluiu para um envolvimento físico. Deixei Jill para ir atrás desse novo relacionamento. Não me importava o que os outros pensariam. Eu estava fazendo o que queria fazer.

Meu modo de pensar estava totalmente deturpado, sem dúvidas. No entanto, durante nosso período de cura, Jill e eu descobrimos uma coisa que chamamos de "jornada de lento enfraquecimento". Compartilharemos esses enfraquecimentos, porque se eu conseguir evitar que algum marido ou alguma esposa lide com suas frustrações do jeito que lidei, minha exposição valerá a pena. Quando terminei meu casamento, fui direto para um novo relacionamento. Eu tinha um turbilhão de sentimentos envolvendo a mim, Jill, a igreja em geral e a Deus. Sentia-me completamente descrente de que algo em minha vida pudesse mudar. Então, decidi fazer tudo por minha conta.

Jill: Em 2007, a banda gospel Casting Crowns lançou a música *It's a slow fade**. A letra do refrão descreve a deriva lenta que qualquer casamento ou cônjuge pode sentir:

> *É um desvanecimento lento quando você se entrega*
> *É um desvanecimento lento, quando o preto e o branco se tornam cinzentos*
> *Pensamentos invadem, escolhas são feitas*
> *Um preço será pago quando você se entrega*
> *As pessoas nunca desmoronam em um dia*
> *É um desvanecimento lento.*

---

*N. da Redação: "É um desvanecimento lento", em tradução livre.

Não existem casamentos perfeitos

Mark: Nós estávamos buscando melhorar nosso casamento. Conhecíamos a "linguagem do amor" um do outro e a falávamos com frequência. Saíamos para jantar sozinhos. Viajávamos com frequência, só nós dois. Comunicávamo-nos com boa intenção. Mesmo no meio de ações tão conscientes, ainda assim a infidelidade se tornou parte de nossa história. Como isso pôde acontecer?

O lento desvanecer

Olhando para trás, não foram as grandes coisas que fizeram a diferença. Foram as pequenas coisas – coisas que estavam fervilhando sob a superfície. Coisas que não eram notadas e permaneciam abandonadas. Intocadas.

Essas pequenas coisas começam a formar e a ganhar poder com o tempo. Nenhum casamento desmorona em um único dia. A deriva acontece de centímetro em centímetro. Um sentimento ou uma decisão que leva a outro sentimento ou a outra decisão e que vai saindo, pouco a pouco, do centro. Se não lidarmos com esses sentimentos, eles nos afastarão um do outro, em vez de trazer para perto.

> *Nenhum casamento desmorona em um único dia*

E se você conseguisse identificar esses sintomas iniciais? E se pudesse reconhecer o lento desvanecimento e fazer algo a respeito, antes que o casamento entrasse em crise? Ou, caso seu casamento já estivesse passando por uma crise, se fosse possível identificar os desvanecimentos presentes e, com a ajuda de Deus, mudar as coisas?

Entender os lentos desvanecimentos e saber como agir, pode fazer toda a diferença. Nós identificamos sete desvanecimentos que tivemos em nosso casamento:

O lento desvanecimento de expectativas irreais
O lento desvanecimento de subestimar
O lento desvanecimento de não aceitação

Bem-vindo ao nosso verdadeiro casamento —
e talvez ao seu também

O lento desvanecimento da discórdia
O lento desvanecimento de respostas defensivas
O lento desvanecimento da ingenuidade
O lento desvanecimento de evitar as emoções

Conversando com outros casais – alguns que passam somente por desafios diários no casamento e alguns que resistiram a crises no relacionamento como a nossa –, sabemos que esses são padrões comuns da deriva que todo casal deve entender, a fim de se proteger e corrigir, uma vez identificada. O texto de Efésios 4.27 nos aconselha a "não dar lugar ao diabo". João 10.10 nos adverte de que o ladrão vem para "roubar, matar e destruir". Quando permitimos que o desvanecimento comece, forma-se um solo fértil para que o inimigo comece a dividir o que Deus uniu. E, se a deriva continuar despercebida e abandonada, o relacionamento, já dividido, seguirá para uma lenta destruição.

Nas páginas seguintes, iremos explorar cada uma dessas derivas. Uma de cada vez, para que possamos identificar qualquer padrão precocemente, ou mesmo que a relação esteja à beira de um precipício ou já em queda livre. Nossos casamentos imperfeitos fazem parte do plano de Deus para nos fazer amadurecer. Quando você é capaz de identificar que está muito próximo do abismo ou já começou a escorregar, este é o primeiro passo para trazer sua mente e seu coração de volta ao caminho certo. Mas, primeiro, temos que confrontar o "vírus da perfeição".

O VÍRUS DA PERFEIÇÃO NO CASAMENTO

Cinco anos atrás, eu (Jill) escrevi *Não existem mães perfeitas*. Aquele livro fala sobre o que chamei de "vírus da perfeição", que nos leva a ter expectativas inalcançáveis acerca dos outros e de nós mesmos, além de nos levar a constantes comparações entre nós e outras pessoas. Um ano depois, escrevi *Não existem filhos perfeitos*, juntamente

Não existem casamentos perfeitos

com a doutora Kathy Koch. O livro aborda como o tal vírus da perfeição contamina nossa maneira de sermos pais, levando-nos a expectativas inalcançáveis em relação a nossos filhos e a compará-los constantemente com os outros. Desde que *Não existem mães perfeitas* foi lançado, os leitores têm me perguntado quando escreveríamos *Não existem casamentos perfeitos*. Agora, você está segurando este livro que foi tão requisitado.

Mas como o vírus da perfeição afeta nosso casamento? Primeiramente, vivemos em um mundo que apresenta a perfeição como algo possível. Quando estamos na fila do caixa do supermercado, vemos as chamadas das revistas que só mostram corpos perfeitos, relacionamentos perfeitos e casas perfeitas. Assistimos a filmes que solucionam grandes problemas em duas horas ou menos. Lemos romances que simplificam relacionamentos. Observamos outros casais em nossa igreja, em nosso bairro e nas redes sociais, comparando constantemente o interior de nosso casamento com o exterior do casamento deles. Muitas vezes chegamos a conclusões erradas, nos sentindo piores que os outros ou nos perguntando se a grama do vizinho é, realmente, mais verde. Quando nossas expectativas são muito altas e nosso casamento não as alcança, ficamos desanimados, tristes e desiludidos com nosso imperfeito, mas real, matrimônio.

Muito do que passamos em nosso casamento real é bem diferente das histórias e do que vemos à nossa volta. Muitas garotas começam a sonhar com seu casamento, assistindo aos filmes da Disney em que o príncipe se apaixona pela princesa e então vivem felizes para sempre. Quando chegam à adolescência, muitas descobrem os livros de romance que pintam uma imagem do que o "amor" deveria ser. Depois, descobrimos as séries de comédia que, na maioria das vezes, retratam a história de amor de pessoas que não são casadas. E, ainda por cima, temos as nossas queridas comédias românticas, que de maneira não intencional transmitem histórias de amor que estão longe da realidade.

Bem-vindo ao nosso verdadeiro casamento — e talvez ao seu também

No caso de homens (Mark), normalmente não passamos muito tempo da nossa vida pensando em casamento. Nós, no entanto, passamos bastante tempo sonhando com a garota. Adoramos brincar e nos aventurar e, por isso, muitas vezes, entramos em um casamento acreditando que teremos uma companheira de brincadeira, uma melhor amiga e uma parceira para o resto da vida. Muitos homens não pensam nas expectativas de um casamento, somente assumimos que vai dar certo. Embora não sejamos lá muito atraídos por livros de romance, matérias de revistas, filmes e a mídia, em geral influenciam nossa percepção do que uma história de amor *deve* parecer. Se um homem se envolve com pornografia (e a maioria deles foi exposta em algum momento de sua vida), as expectativas de como uma mulher deve responder, emocional e sexualmente, se tornam bastante enviesadas.

Portanto, se nossa cultura torna a perfeição algo alcançável e nos deixa desapontados com a realidade da vida, de onde vem a tentação da comparação?

Ora, ela começa com Adão e Eva, duas pessoas que se encontraram no mais perfeito cenário. Não possuíam qualquer preocupação e tinham todas as suas necessidades providas. Então, o diabo veio e começou a mentir a respeito deles mesmos e a respeito de Deus. Eles compararam sua situação às mentiras contadas e decidiram que a vida no jardim não era o que acreditavam ser. Aquele primeiro casal agiu por impulso e descumpriu o único decreto que Deus tinha lhes dado – não comer do fruto de uma única árvore do jardim. Apesar da sua perfeita existência, Adão e Eva ainda sentiram que faltava algo. Algo que parecia melhor. Seus filhos continuaram no mesmo jogo de comparação, quando Caim matou Abel por causa de inveja. E a saga continua... a Bíblia ilustra diversas histórias que mostram que as pessoas sempre participaram do jogo da comparação.[1]

---

1. Jill Savage, *Não existem mães perfeitas: Aprenda a amar a sua vida real* (Geográfica Editora, 2017, Santo André, SP), capítulo 1.

Expectativas irreais e comparações injustas alimentam o descontentamento em nossos casamentos reais. Muitos de nós nem nos damos conta disso, porque estamos atolados na lama da vida cotidiana, programados com expectativas não mencionadas e rodeados de imagens de percepção da perfeição. Parece que todo mundo consegue decifrar o casamento, exceto nós.

As máscaras que estragam nossos casamentos

Em seguida, listamos as máscaras que a maioria de nós é especialista em usar. Nós as usamos dentro de nossos casamentos, com medo de sermos nosso verdadeiro "eu". Escondemo-nos porque não queremos ser julgados nem parecer como se não tivéssemos controle de nossa própria vida. Agradar as pessoas é mais importante do que falar a verdade sobre o que sentimos ou pensamos. Às vezes, quando assumimos o risco de tirar a máscara, nosso cônjuge pode não lidar bem com a nossa honestidade. Isso resulta em catar os pedaços e colocar a máscara de volta.

Perpetuamos o vírus da perfeição quando usamos as máscaras fora do casamento. Fingimos que as coisas estão melhores do que realmente são e nos recusamos a pedir ajuda e buscar aconselhamento. Alguns pensam que pedir ajuda é sinal de fraqueza – e, mesmo quando o fazemos, não contamos a ninguém, porque admitir que estamos buscando aconselhamento faria com que descobrissem que não temos tudo sob controle.

Parece que todo mundo consegue decifrar o casamento, exceto nós.

Algumas de nossas máscaras são herdadas de nossas famílias. Outras nascem de nossa personalidade e de nosso temperamento. Há, ainda, as máscaras nascidas de nossos problemas de identidade. Independentemente de onde elas vêm, nossa tendência a usá-las é alimentada por vergonha, medo e insegurança. Temos a tendência de

Bem-vindo ao nosso verdadeiro casamento —
e talvez ao seu também

esconder as partes de nós mesmos que consideramos inadequadas ou não atraentes.

Algumas destas máscaras estão estragando seu casamento?

Máscara de comediante: Essa máscara faz piada a respeito de praticamente tudo. Dentro do casamento, ela nos impede de tratar com seriedade o que nosso cônjuge fala. Minimizamos suas preocupações e apenas dizemos para se animarem. Fora do casamento, a máscara nos faz rir, em vez de buscar, no fundo, a dor que nossa risada tenta esconder.

Máscara de cuidador: Essa é usada por aquele que vê valor em realizar tarefas e em ser útil. Dentro do casamento, ela é utilizada por uma abelha operária que "conquista" seu lugar no relacionamento por meio do esforço. Fora do casamento, a máscara de cuidador alimenta atividade e ocupação, muitas vezes no lugar da vulnerabilidade e profundidade do relacionamento. A lógica é simples: se eu me mantiver ocupado o tempo todo, não preciso me aprofundar no meu relacionamento.

Máscara de sabe-tudo: Ela nos mantém sob controle de forma falsa. Dentro do casamento, não aceita diferenças. Em vez de valorizar os diferentes pontos de vista do cônjuge, quem a usa acredita que o seu jeito de ver e fazer as coisas é o único certo. A máscara de sabe-tudo nos impede de sermos abertos à mudança. Ela nos deixa irredutíveis e coloca a pressão de mudança somente no cônjuge. Fora do casamento, essa fachada mantém os outros à distância, resiste a relacionamentos profundos e a assumir responsabilidades que nos fazem amadurecer.

A máscara de agradar a todos: Essa máscara é usada para manter a paz. Os que buscam sempre agradar, muitas vezes, mentem para manter ou não causar discórdia no casamento. Todavia, por baixo do seu comportamento agradável, podem guardar rancor. Cônjuges de "agradadores" geralmente ficam chocados quando descobrem toda a amargura escondida. Dentro do casamento, a

Não existem casamentos perfeitos

máscara é usada para evitar os conflitos e diminuir críticas; fora dele, para manter todos contentes.

Máscara de vítima passiva: Ela nos impede de nos manifestar e nos defender. Dentro do casamento, isso resulta em uma atitude de que "não importa". A vitimização passiva também coloca o ônus da responsabilidade sobre todos os demais, exceto aquele que a usa. Fora do casamento, a pessoa que usa a máscara de "vítima passiva" culpa os outros pelas circunstâncias e não assume responsabilidade por sua própria felicidade ou santidade.

Máscara de esforçado: "Se eu me esforçar mais, você gostará mais de mim" é a lógica de quem usa essa máscara. Dentro do casamento, ela nos faz trabalhar, trabalhar e trabalhar um pouco mais, às vezes em detrimento da comunicação e da intimidade emocional no relacionamento. Também costuma abrigar um espírito crítico. Fora do casamento, a máscara de esforçado nos torna viciados em trabalho, comprometidos com tudo e desenvolve em nós um espírito julgador.

Em nosso casamento, eu (Mark) usava a máscara de agradar a todos, a de vítima passiva e, às vezes, a de comediante. Acredito que usava a de agradar sabendo que Deus me criou para ser um servo, mas não entendia como servir sem perder a mim mesmo. Pensando mais sobre minha origem e minha família, hoje vejo que usava a mesma máscara de vítima passiva que meu pai biológico usava – o que é inusitado, porque devido ao divórcio de meus pais quando eu tinha apenas dois anos, não cresci com ele. Já a máscara de comediante sempre cobriu as feridas de dentro. Somente depois de identificar as máscaras que usava, removendo-as intencionalmente, é que eu e Jill passamos a ter um relacionamento mais profundo.

Essa máscara diz: "Se eu me esforçar mais, você gostará mais de mim".

Eu (Jill) usava a máscara de cuidadora e de esforçada com mais frequência. Se me sentir cansada ou sobrecarregada, posso até

Bem-vindo ao nosso verdadeiro casamento —
e talvez ao seu também

voltar a usá-las hoje. Ambas as máscaras me impedem de me envolver emocionalmente em meu casamento. Elas são alimentadas naturalmente pelo meu "tipo A" de personalidade e temperamento – o tipo focada e competente. (Falaremos mais sobre isso.) Somente depois de identificar as máscaras e removê-las intencionalmente é que Mark e eu passamos a viver a intimidade emocional que nós dois ansiávamos.

Máscaras nos dão uma falsa sensação de segurança. Elas nos impedem de conhecer verdadeiramente uns aos outros. Está na hora de nos despirmos, emocionalmente falando – embora nos despir fisicamente também é uma coisa boa em um casamento, mas vamos deixar isso para outro capítulo... Portanto, desnude-se das expectativas, remova a pretensão, descame as comparações e se ofereça por inteiro à pessoa a quem você se comprometeu a amar, honrar e cuidar até que a morte os separe.

Jogue fora as máscaras!

Você é imperfeito. Seu cônjuge é imperfeito. Seu casamento é imperfeito. Suas máscaras são uma tentativa de cobrir as imperfeições, mas você não precisa delas. Você pode jogá-las fora para sempre. Quando você expulsa o vírus da perfeição do seu casamento, não é mais necessário se esconder.

Então, como podemos nos desvencilhar de padrões inalcançáveis e das comparações incapacitantes? Como parar o desvanecimento que está sob a superfície? Responderemos a essas perguntas mais à frente. Por enquanto, siga adiante. Vamos dar uma olhada onde tudo começa.

PENSE A RESPEITO

Dos lentos desvanecimentos mencionados nas páginas 22–23, qual deles – apenas olhando o título – se encaixa mais na sua vivência? Quais máscaras você está usando em seu casamento? Como essa(s) máscara(s) fere(m) seu relacionamento?

FALE A RESPEITO

A principal revelação deste capítulo foi _____
_____

Nunca pensei muito a respeito, mas acredito que posso estar usando essas máscaras mais do que me dou conta _____
_____

Depois de ler este capítulo, eu me sinto _____
_____

FALE COM DEUS A RESPEITO

Deus, revirar assuntos do meu casamento requer que eu revolva meus assuntos pessoais. Confesso que isso me assusta! Quero fingir que essas coisas não existem, ignorá-las. No entanto, se eu fizer isso, corro o risco de perder as bênçãos que o Senhor tem para mim. Agindo assim, irei podar meu crescimento e impedirei meu casamento de florescer ao máximo. Ajude-me a correr mais atrás do Pai e menos em busca de meus próprios conceitos e interesses. Em nome de Jesus, amém.

Verdade do dia: "Não se amoldem ao padrão deste mundo, mas transformem-se pela renovação da sua mente." ROMANOS 12.2

CAPÍTULO 2

QUAL A SUA PLANTA
arquitetônica?

Estávamos sentados numa sala escura e úmida de audiência em um prédio bastante depredado, bem no meio de Cheboksary, na Rússia. O juiz nos encheu de perguntas sobre o porquê de querermos adotar um menino de 9 anos, quando já tínhamos quatro filhos biológicos em casa. Era óbvio que, para ele, o que queríamos realmente era ter uma criança em casa, para forçá-la ao trabalho.

    Respondemos às questões pacientemente, uma após a outra. Depois um total de seis horas, finalmente o juiz nos concedeu a adoção e nosso filho Nicolai se tornou um Savage. Ele tinha nove anos e seis meses e havia vivido toda a sua vida em um orfanato. Sabíamos que sua transição seria difícil. Olhando para trás, difícil era pouco. Amávamos Nicolai – para nós, Kolya – como se ele fosse nosso filho desde o seu primeiro dia, mas isso não era suficiente. Os primeiros nove anos de sua vida deixaram uma marca permanente em sua mente

Não existem casamentos perfeitos

e em seu coração. Nosso filho, agora com 22 anos, mal começou a descobrir, dentro de si, todo o abandono, o trauma e toda a rejeição que foram plantados em seu coração nos seus primeiros anos.

Nossas experiências no início da vida criam plantas arquitetônicas invisíveis que moldam nosso pensamento, nossa fé e nosso comportamento. A maneira como fomos criados, as lições aprendidas e o ambiente familiar no qual crescemos, formam esse projeto que, eventualmente, se torna a estrutura da maneira como vivemos a nossa vida. Algumas plantas, boas e más, são passadas de geração a geração. Carregamos esse projeto para dentro dos nossos relacionamentos adultos – e, é claro, isso inclui nosso casamento.

Nossa estrutura também é afetada por nossos namoros ou, para os que casam novamente após um divórcio ou perda de um cônjuge, por casamentos prévios. Decisões e experiências antes do casamento também contribuem com a nossa estrutura. Todos nós temos partes dela que são fortes e nos servem bem. Em contrapartida, todos temos estruturas que precisam de reformas.

Conforme observamos o vírus da perfeição em nosso casamento – expectativas irreais que levam à comparação injusta de nosso cônjuge com outros –, temos que olhar para nosso projeto e ver como ele contribui com os padrões de relacionamento em nossos casamentos. Não devemos examinar nosso passado para atribuir a nós mesmos créditos ou culpas, mas simplesmente para entender. Quando entendemos nossos padrões de pensamento, podemos manter as partes que "funcionam" e, com a ajuda de Deus, reconstruir aquelas que precisam de reforma.

A história de Mark

Muita cura aconteceu na minha família, por todos os lados. Quero honrar minha família, mas também retratar a realidade do projeto com o qual eu entrei no casamento. Como mencionei, meu pai biológico quase não se envolveu na minha criação ou na da minha

Qual a sua planta arquitetônica?

irmã. Ele se casou com outra mulher e teve dois filhos com ela. Minha mãe viveu com um homem que se tornou meu padrasto. Na maior parte do tempo, ele foi a única figura paterna que conheci. Nós nos mudávamos bastante, quando éramos crianças. Às vezes, vivíamos com minha avó; em outras ocasiões, com minha mãe e meu padrasto.

Só que o ambiente com ele era abusivo e violento. Quando examino meu projeto, a violência com que cresci me transformou numa pessoa bastante insegura e que queria agradar aos outros. Foi aí que esse tipo de projeto não me agradou mais, e tive que fazer uma reforma. No entanto, como muitas áreas da vida, em meu passado havia coisas boas misturadas com as ruins. Meu padrasto me ensinou, por exemplo, a trabalhar duro, a pescar, a amar as montanhas e a estar disposto a arriscar no mundo dos negócios.

Antes de conhecer Jill, eu estava vivendo uma vida muito irresponsável. Trabalhava noite e dia, vivia em festas e corria atrás de mulheres. Estava construindo uma estrutura instável em praticamente todas as áreas da minha vida. Um ano antes de encontrá-la, aceitei Jesus Cristo como meu Salvador e comecei a fazer mudanças significativas em minha trajetória. Passei boa parte da minha vida adulta tentando desmontar estruturas disfuncionais que trouxe para dentro do meu casamento e o reconstruir, usando as verdades de Deus. Nunca consegui superar a vergonha tóxica resultante do abuso que sofri durante meu desenvolvimento. Depois da traição, fiquei completamente destruído, o que foi bom. Senti que, pela primeira vez, tudo da minha estrutura original, havia sido posto abaixo. Então Deus, como meu arquiteto, tem reformado e reconstruído meu coração, meus relacionamentos e minha vida como nunca antes.

A história de Jill

Cresci em uma família cheia de amor. Casados há cinquenta e cinco anos, meus pais nos apoiaram, eu e minhas irmãs, em nossos interesses

Não existem casamentos perfeitos

diversos. Minha irmã Jackie amava balé; Juli, a outra irmã, era ginasta e eu amava música. Nossos avós paternos e maternos viviam perto da gente, e eu era muito próxima deles.

A igreja era uma parte importante na vida da nossa família. Tenho boas lembranças da escola bíblica de férias, dos retiros e dos cultos especiais de Páscoa e de Natal, assim como as cantatas do coral. Eu sentia que fazia parte de uma família na igreja; uma família grande, que me conhecia e me amava.

Uma das coisas que percebi depois que me casei foi que eu era incapaz de resolver conflitos. Nunca presenciei muitos conflitos no casamento dos meus pais, então meu projeto me dizia que "bons casamentos não possuem conflitos". Realmente pensei que Mark e eu estávamos a caminho do divórcio na primeira vez que discutimos!

Meu projeto também me mostrou que, quando as coisas ficam difíceis, somente os mais resistentes é que conseguem continuar. Meus pais eram resilientes e eu raramente via algo os deixar para baixo. Emoções negativas fortes não estavam presentes em nossa família. Minha tendência a levantar a cabeça e seguir adiante estava presente em mim, naquela época – e, como eles diziam que poderíamos fazer e ser qualquer coisa que decidíssemos, um senso de individualidade e independência foi formado em mim durante esse período também.

> *Realmente pensei que Mark e eu estávamos a caminho do divórcio na primeira vez que discutimos!*

Embora tenha sido criada na igreja, somente aos 19 anos, quando era caloura na faculdade, foi que passei de religiosa a alguém que tinha um relacionamento com Jesus Cristo. Uma amiga de meu grupo estudantil da faculdade me chamou para ouvir umas músicas da cantora Amy Grant. Eu nunca tinha escutado falar sobre Amy – porém, as letras de suas músicas na época me apresentaram a um relacionamento íntimo com Deus. Isso elevou meu alicerce de fé para um nível mais alto. Assim, como conheci Mark apenas duas semanas antes de começar a faculdade, ambos estávamos conhecendo a Deus conforme nos conhecíamos.

COMO VOCÊ AMA?

Em minhas palestras, eu (Jill) constantemente lembro às mães que não somos perfeitas e cada uma de nós dá aos nossos filhos alguma razão para sentar em frente ao psicólogo algum dia. De fato, até mesmo o lar mais amoroso é disfuncional em algum aspecto. Isso acontece porque as famílias são formadas por pessoas imperfeitas.

Quando Mark e eu estávamos no nosso período de cura após a traição, aprendemos sobre algo chamado de "estilos de amar". Aquilo nos ensinou não só a entender melhor o projeto que cada um carregou para o casamento como, também, a dor repetitiva que experimentamos por anos em nosso casamento.

De acordo com Milan e Kay Yerkovich, autores de *How We Love* (Como amamos)[1], todos nós trazemos de nossa família original uma tendência a seguir em direção a um ou dois estilos de amor disfuncionais. Sabemos que isso não soa tão positivo, mas tenha paciência. Isso mudou completamente nosso casamento! Tais estilos são construídos em torno de uma questão muito simples, mas extremamente importante: *você se lembra de quando estava triste quando criança e alguém o confortou?* Como nossas primeiras experiências de vínculo formam nossa estrutura de relação, a resposta a essa questão nos dá uma boa percepção de nossos padrões de relacionamentos.

Mark e eu tínhamos trabalhado bastante examinando nossa estrutura, mas quando aprendemos sobre os estilos de amor, foi um momento de excitante descoberta para nós. Já havíamos observado cada um dos cinco estilos de amor nocivos em nós mesmos e em casais

---

1. Milan Yerkovich e Kay Yerkovich, *How We Love: Discover Your Love Style, Enhance Your Marriage* (Como amamos: descubra seu estilo de amor, melhore seu casamento", em tradução livre). Colorado Springs: WaterBrook, 2008. Usado com permissão.

Não existem casamentos perfeitos

aos quais ajudamos em momentos de crise ao longo dos anos. Também experimentamos a cura que ocorre no casamento quando você vai de um estilo de amor nocivo, para um estilo de conector seguro, mais saudável. Aqui está um breve resumo de cada estilo:

O que evita as emoções confusas do conflito, que poderíamos chamar de "evitador": Crescer em uma família onde emoções eram dispensadas, faz com que o "evitador" não dê importância ao sentimento de ser consolado. Ele prefere espaço, autonomia e é altamente focado. "Evitadores" dispensam sentimentos e emoções, tanto próprias quanto dos outros, e evitam conflitos se acharem que será algo emotivo.

O que acredita que seu objetivo é ser bom e agradar aos outros ("agradador"): Estes evitam conflitos porque ficam com medo de serem rejeitados ou criticados. Temendo a distância emocional de seu cônjuge, tentarão consertar o problema de maneira indireta, fazendo algo para agradá-lo. (Fato interessante: ambos – "evitadores" e "agradadores" – tentam evitar conflitos. A diferença é que o primeiro pode se desligar e não se importar, enquanto que o "agradador" tenta consertar tudo de forma indireta.)

O supersensível, também chamado "hesitador": Quando criança, o "hesitador" experimentou conexões inconsistentes, que não o satisfizeram. Eles são idealistas e buscam a conexão consistente que não tiveram na infância. Por isso, acabam irritados e desapontados quando seus anseios não se materializam. Eles protestam, reclamam e expressam seu ódio facilmente, mas desconhecem sentimentos mais vulneráveis que estão por baixo da raiva.

O controlador: Controladores lutam para manter o controle. Não é regra, mas os controladores, muitas vezes, experimentaram abusos

Qual a sua planta arquitetônica?

na infância e, uma vez adultos, são controladores, numa tentativa de manter esses sentimentos dolorosos e vulneráveis submersos.

A vítima: Vindo também de um lar abusivo, a vítima aprendeu a sobreviver tolerando o intolerável. Assume papel passivo para se proteger da dor, mas por dentro é ressentido e irado. A vítima também teme conflito.

Conector seguro: Esse é o estilo que possui limites saudáveis. Por intermédio da comunicação de seus sentimentos e de suas necessidades, o conector seguro é aquele que pede desculpas quando errado, busca consolo quando ferido e pede ajuda, se necessário. Os conectores seguros não temem conflitos porque possuem capacidade de discutir e resolver problemas, restaurando, assim, a harmonia.

Eu (Mark) sou uma mistura de "hesitador", "agradador" e "vítima". O "hesitador" em mim se aproximava de Jill só para ter minhas expectativas atendidas, e então me afastava mental e emocionalmente porque estava irritado e desapontado. Já a minha faceta "agradadora" lutava para não balançar o barco, a fim de que não fosse rejeitado. Desempenhava o papel de "vítima" estando "ok" do lado de fora, mas ressentido e irritado por dentro.

Eu (Jill) sou uma "evitadora" total. Isso me levava a evitar intimidade emocional, sendo mais autocrática do que democrática*, já que tal comportamento considera fatos mais importantes do que sentimentos. Minha personalidade forte (falaremos mais sobre isso)

---

* **N. do T.:** autocrática e democrática (em inglês task-oriented e people-oriented) são estilos de liderança em que o primeiro tem ênfase no líder, na execução de tarefas e em resultados, enquanto o segundo tem ênfase no líder e no liderado, se preocupa com a execução da tarefa, mas também com o bem-estar da equipe.

Não existem casamentos perfeitos

traz uma dinâmica mais controladora – especialmente quando quero controlar coisas que, realmente, estão fora de meu controle.

Como um "agradador", Mark temia a distância emocional e por isso se aproximava de mim. No entanto, conforme se aproximava, dava de cara com meu muro emocional de "evitadora", que eu mesma construí, e isso fazia com que ele hesitasse ou, mesmo, se afastasse de mim machucado e com raiva. Esse vai e vem alimentou o estilo vítima dele também.

Essa dança nociva de se aproximar e se afastar nos causava conflitos constantemente. Estávamos num ciclo de frustração e mágoa do qual não conseguíamos sair – e que contribuía para nosso desvanecimento. Porém, desde quando fizemos o teste em *How We Love* e começamos a entender essa parte do projeto, nós dois temos trabalhado de maneira individual em direção a um estilo de amor saudável e seguro que nos permite dançar juntos sem pisar no pé do outro!

Estou aprendendo que existem lugares em meu coração nos quais nunca deixei meu marido entrar.

Lembra-se daquele momento decisivo na praia que Mark mencionou no primeiro capítulo? Naquele momento, meu (Jill) estilo de amor que busca o próprio espaço, colidiu com o estilo de amor "hesitador" dele – aquele que diz "quero me aproximar de você" – conforme já havia acontecido diversas vezes em nossos 29 anos de casamento. Só que não sabíamos disso, já que não entendíamos os passos errados que cada um trazia à dança do casamento.

Sempre precisarei de mais espaço pessoal do que Mark necessita. Lidando com meu estilo evitador, não estarei perdendo minha essência de como Deus me criou. Em vez disso, estou aprendendo que existem lugares em meu coração nos quais nunca deixei meu marido entrar e que isso não só afeta a intimidade emocional do nosso casamento, mas também nos impede de sermos livres para ser quem Deus nos criou para ser.

Eu (Mark) sempre serei mais emotivo do que Jill. Esse foi o jeito com que Deus me criou. No entanto, minhas emoções estavam sabotando meu casamento. Entendendo meus estilos de amor disfuncionais e mudando minha mente e meu coração para um estilo de amor mais seguro e saudável, estarei me tornando um homem melhor, um pai melhor e um marido melhor.[2]

Se quiser descobrir seu estilo de amor e aprender sobre como eles contribuem para enfraquecer seu casamento, você pode fazer o teste online grátis em www.howwelove.com. Eu (Jill) e Mark fizemos; recentemente, nosso filho e sua noiva realizarem o teste. (O estilo dele é mais parecido com o de Mark e o dela, com o meu.) Os resultados foram fascinantes! Fomos capazes de compartilhar com eles o que aprendemos sobre nós mesmos e conversamos sobre a importância de trabalhar em direção a um estilo de amor de forma individual, para que o casamento deles comece bem. Se Mark e eu tivéssemos entendido essa dança prejudicial mais cedo, poderíamos ter evitado muito sofrimento.

HORA DA REFORMA?

Enquanto escrevíamos este livro, nós também estávamos reformando a cozinha. Vá em frente – pode falar que somos loucos... Ora, se podemos escrever um livro e reformar a cozinha sem muitos conflitos, somos a prova viva de que Deus atua na área de reforma conjugal!
O detalhe é que não poderíamos ter feito isso há uns dez anos. Essas duas coisas teriam causado conflitos demais!

Vivemos em uma casa de fazenda, uma construção com mais de 100 anos. Quando nos mudamos, duas décadas atrás, substituímos o papel de parede da cozinha. Vinte anos depois, já tinha passado da hora de renovar aquela parte da casa, e, embora não pudéssemos comprar novos armários ou eletrodomésticos, podíamos pintar os já

---

2. Acesse: https://www.howwelove.com/love-styles/.

Não existem casamentos perfeitos

existentes e tirar o papel de parede para uma camada nova de tinta. E qual não foi nossa surpresa quando, ao retirar o papel, encontramos sete – isso mesmo, sete! – camadas de papel de parede por baixo do que tínhamos colocado vinte anos antes!

Remover aquelas camadas de papel de parede foi uma representação visual do que uma reforma no casamento pode parecer quando removemos nossas camadas não saudáveis. Nós removemos uma camada e, às vezes, encontramos outra, ou outras, por baixo daquela. Alguns problemas são mais fáceis de resolver do que outros. Então, como isso é feito na prática? Quais são os passos específicos para a reforma? Aqui estão cinco:

1. Comece por você

Mesmo que seu cônjuge esteja engajado e queira aprender com você, resista à aparente necessidade de identificar elementos do projeto dele. Comece com seu próprio projeto. Se estiverem lendo juntos, provavelmente poderão ajudar um ao outro a enxergar coisas que não consigam sozinhos.

É possível que você responda ao passo "Comece por você" pensando que é o único interessado em mudar seu casamento. Se isso acontece, é porque você, provavelmente, quer compartilhar o que está aprendendo com seu cônjuge, mas ele não está aberto a ouvir sobre isso. Tal situação é decepcionante e pode contribuir com seu próprio desvanecimento. No entanto, se você está ciente disso, pode se proteger. Conforme lê, peça a Deus que o ajude a ver e compreender ambos os projetos de novas formas. Peça que o Senhor mostre como viver o que está aprendendo e como compartilhar isso com seu cônjuge.

2. Peça ajuda a Deus

Quando eu (Jill) comecei a entender meu estilo "evitador", realmente quis entender de onde minha tendência de ser "bola pra frente" veio.

Qual a sua planta arquitetônica?

Comecei a pedir a Deus que me ajudasse a ver se havia algum lugar na minha vida onde aprendi a evitar emoções. Ele não respondeu logo em seguida, mas continuei orando e pedindo por clareza, a fim de que pudesse entender melhor onde aprendi, de forma não intencional, a guardar minhas emoções. Aí, então, Deus me respondeu e me lembrou de dois momentos, nos anos de pré-adolescente e, mais tarde, na adolescência, em que sofri perda e dor que não foram tratadas. O primeiro ocorreu quando minha irmã se machucou num acidente com o cortador de grama, e outro foi quando um rapaz com quem eu estava saindo, foi morto com um tiro em uma briga de trânsito. Em ambos os casos, lidei com a situação, simplesmente, seguindo em frente. Olhando para trás, hoje vejo que sementes do meu estilo de amor "evitador" foram plantadas naqueles momentos dramáticos da minha vida.

3. Busque ajuda

Quando reformamos nossa casa, muitos de nós chamam um profissional. No entanto, há pessoas que decidem partir para o "faça você mesmo". Eu (Mark) consertei muitos resultados de "faça você mesmo" ou fui chamado para trabalhar em uma casa em que o antigo dono fez, ele mesmo – e não fez bem. Quando isso acontece, é porque alguém decidiu fazer algo que, na verdade, não sabia. Honestamente, o mesmo pode acontecer quando começamos nossa própria reforma de mente e coração. Talvez precisemos da ajuda de um conselheiro ou de um profissional – ou de ambos.

No caso do aconselhamento cristão, geralmente realizado por pastores e líderes, deve-se procurar alguém que seja capaz de ouvir sua história sem julgamentos e que possa apontar uma direção saudável para você seguir, com base em princípios da fé cristã e da palavra de Deus. Um bom conselheiro é aquele que vai compreendê-lo sem passar a mão em sua cabeça e que, em alguns momentos, será solidário; em

Não existem casamentos perfeitos

outros, porém, irá confrontá-lo. Principalmente, ele lhe mostrará a necessidade de arrependimento, conserto e reconciliação, sempre que possível. O aconselhamento traz você para fora da situação e o ajuda a compreender como suas experiências e decisões podem levá-lo ao melhor e ao pior.

Quando se fala em aconselhamento conjugal, muitos de nós pensamos em casais se consultando, mas também é interessante buscar atendimento individual. Um casamento é constituído de duas pessoas doentes – assim, se formos capazes de entender melhor os problemas que trazemos para dentro do matrimônio, poderemos fazer uma diferença enorme em aprender a nos relacionar com nossos amados de formas novas, seguras e emocionalmente saudáveis.

A outra opção, que pode ou não ser adotada juntamente com o aconselhamento, é o atendimento psicológico. Muitos cristãos têm encontrado ajuda nas sessões de terapia. Procure um bom profissional – se possível por indicação –, alguém que possa respeitar suas crenças e seus valores e se mostrar confiável.

4. Entre na comunidade

Eu (Mark) comecei a reforma da mente, do coração e da alma quando frequentava o seminário. Meu vizinho Jim me convidou para almoçar e conversar. Ele compartilhou sua história, sua busca por aconselhamento e me convidou a fazer o mesmo. Foi a primeira vez na minha vida que eu havia escutado alguém falar de aconselhamento de uma forma positiva. Fiquei intrigado pela compreensão que Jim tinha e as mudanças que ele havia feito em sua vida e em seu casamento. Pedi o número do conselheiro dele e marquei um horário na mesma semana.

Jim e eu continuamos a nos encontrar e a conversar sobre nossa jornada de cura. Virou uma rotina, e não somente isso: acabamos, também, nos unindo um com o outro. Durante nossa separação, eu

(Jill) achava importante me cercar de pessoas que me davam esperança e acreditavam na possibilidade de Mark voltar para casa. Sim, eu precisava de uma comunidade que acreditasse que nosso casamento poderia ser restaurado. Familiares e amigos que querem nos proteger podem nos encorajar a abandonar o relacionamento. Todavia, se você busca restauração, uma comunidade que apoie essa sua esperança é muito importante.

5. Faça um novo "estágio"

Jill e eu frequentemente chamávamos a casa na qual crescemos de nosso "estágio de lar". É onde aprendemos lições em áreas como resolução de conflitos, administração de dinheiro, comunicação, Deus e um milhão de outras coisas. Quando examinamos nosso projeto, podemos encontrar lugares onde devemos fazer um novo estágio de lar. Eu (Mark) tive que fazer isso em relação aos conflitos, já que a única forma que conhecia para resolvê-los era me irar e assumir o controle da situação – ou, pelo menos, pensar que assumia. Isso não é nem um pouco saudável, mas não basta apenas dizer para mim mesmo "Não faça isso de novo" – é preciso substituir o comportamento equivocado por outra coisa. Então, comecei lendo livros sobre raiva, embora não seja um leitor por natureza – eu era, no entanto, desesperado para aprender algo diferente. Ouvi palestras, estudos e podcasts sobre raiva, conversei com meu conselheiro e me disciplinei bastante. Eu estava, de fato, determinado a não passar isso para a próxima geração. Então, fiz um novo "estágio" em controle de raiva.

Jill e eu decidimos fazer um novo estágio em gerenciamento financeiro quando fizemos um curso em nossa igreja. Fazer o curso nos deu um vocabulário compartilhado, que alimentava boas conversas e nos ajudou a ter sabedoria em relação ao nosso dinheiro. Trabalhamos juntos para determinar quanto íamos aplicar o que aprendemos em nossa realidade.

Seja lendo um blog (caso tenha domínio do inglês, veja nossos posts semanais Marriage Monday (Segunda de casamento)) em www.jillsavage.org, lendo um livro, fazendo um curso, assistindo a um seminário online ou participando de uma conferência, ser um eterno aprendiz é algo que nos ajuda a fazer um novo estágio, em qualquer parte de nossa vida que necessite de mais conhecimento.

REPENSE, reforme e rejuvenesça

Como visto, o vírus da perfeição infecta nosso casamento na forma de expectativas inalcançáveis e comparações injustas, o que gera um lento desvanecimento que divide marido e mulher. Veja o próximo capítulo e descubra oito poderosas ferramentas divinas que vão erradicar esse vírus do seu relacionamento – e ajudar um casamento ferido a encontrar cura ou um casamento bom se tornar ótimo.

Qual a sua planta arquitetônica?

PENSE A RESPEITO

Examine seu projeto. Pergunte-se: *O que minha família original me ensinou de positivo? E o que me transmitiu de negativo?* _____
_____
_____

Dos cinco passos mostrados neste capítulo para ajudar a reformar meu coração, minha alma e minha mente, qual deles eu dou imediatamente? _____
_____

Se meu casamento está em luta, a quem eu posso pedir ajuda? _____
_____

FALE A RESPEITO

A principal lição deste capítulo foi _____
_____

Depois de ler este capítulo, eu me sinto _____
_____

FALE COM DEUS A RESPEITO

Senhor, confesso que minha expectativa ao ler este livro era mais sobre consertar o meu cônjuge do que a mim mesmo. Eu sei, lá no fundo, que só posso mudar a mim mesmo. Ajude-me, portanto, a olhar honestamente para o projeto que eu trouxe da minha família original, para dentro do meu casamento. Permita-me, Senhor, ver coisas que não pude enxergar antes e me ajude a identificar áreas nas quais, talvez, eu deva fazer um novo estágio. Mais do que tudo, dê-me a coragem de cavar fundo e fazer o trabalho duro

Não existem casamentos perfeitos

em mim – um processo que não só me libertará das coisas que me controlam como, também, vai mudar a dinâmica do meu casamento. Em nome de Jesus. Amém.

Verdade do dia: "Tenham cuidado com a maneira como vocês vivem; que não sejam como insensatos, mas como sábios." EFÉSIOS 5.15

CAPÍTULO 3

PEGUE SUAS
ferramentas de Deus

Eu (Jill) estava tentando descobrir o que fazer para o jantar. Tinha tido um dia cheio cuidando de crianças doentes e estava muito cansada. Eram quase cinco da tarde e eu ali, com a porta do armário da cozinha aberta, esperando que algo pulasse da prateleira e se cozinhasse sozinho. Foi aí que vi a caixa de cereais e tive a ideia de quebrar o galho com um lanche. Só que a última caixa de leite estava no fim. Naquele exato momento, Mark, que estava exercendo o pastorado, me ligou e disse que estava saindo da igreja a caminho de casa. Eu respondi, de pronto: "Passe no mercado e traga leite!", e ele disse que sim.

Trinta minutos depois, meu marido entrava em casa com as mãos vazias.

— Mark, cadê o leite? – perguntei.

— Ah, não! – ele disse. – Alguém me ligou, em crise, assim que saí da igreja. Durante todo o percurso para casa fiquei falando com ele e me esqueci completamente de parar no mercado. Desculpe-me.

Irritada, eu lamentei:

– Mark, você arruinou meu plano perfeito de cereal para o jantar...

Você é um ser imperfeito. Você é casado com um ser imperfeito. Duas pessoas imperfeitas que precisam tomar decisões a respeito de dinheiro, criação de filhos, intimidade sexual, administração de um lar, preparo de refeições, lavagem de roupas, manutenção de veículos e, simplesmente, como manter uma vida a dois. Quando tomamos consciência da imperfeição – a nossa e a de nosso cônjuge –, geralmente não lidamos bem com isso. É aí que começam muitos dos lentos desvanecimentos. No entanto, temos muitas ferramentas que, embora disponíveis, quase não usamos – ou, pelo menos, não com a frequência devida.

De ferramentas, eu (Mark) entendo. Após vinte anos, deixei o ministério pastoral e abri um negócio de reparo e reforma de casas, atividade que sonhei em exercer durante muitos anos. Quando estou trabalhando em um projeto, ter as ferramentas adequadas faz toda a diferença do mundo. Descobri que o mesmo acontece no casamento. Quando uso o equipamento correto de minha "caixa de ferramentas do casamento", o conflito é evitado, a comunicação melhora, o desentendimento é resolvido mais rápido e o nosso casamento se fortalece.

O conceito de "ferramentas de Deus" tem base no texto de 2Coríntios 10.3-6:

> Pois, embora vivamos como homens, não lutamos segundo os padrões humanos. As armas com as quais lutamos não são humanas; pelo contrário, são poderosas em Deus para destruir fortalezas. Destruímos argumentos e toda pretensão que se levanta contra o conhecimento de Deus, e levamos cativo todo pensamento, para torná-lo obediente a Cristo. E estaremos prontos para punir todo ato de desobediência, uma vez completa a obediência de vocês.

Pegue suas ferramentas de Deus

O vírus da perfeição é uma filosofia distorcida que muitos de nós queremos impor em nosso casamento. Quando temos expectativas irreais de nós mesmos e do casamento em geral, isso prepara o terreno para a frustração, o desânimo e a desilusão. Quando, injustamente, comparamos nosso cônjuge com os outros – ou, até mesmo, com nosso companheiro ideal dos sonhos –, essa filosofia torta prepara o terreno de nosso coração para as sementes do descontentamento serem plantadas.

As ferramentas de Deus nos ajudam a derrubar as barreiras que erguemos em nosso próprio coração. É aí que, honestamente, muitos problemas do casamento começam e terminam – no coração. A condição do nosso coração é diretamente conectada com a condição do nosso casamento. Muitas das lutas do coração que eu (Mark) tive no casamento, estavam enraizadas nas minhas lutas com Deus. Não ter um relacionamento com um pai terreno – meu pai biológico era passivo e não se envolvia na minha vida e meu padrasto era irritado e abusivo – me levou a ter de lutar para acreditar que, verdadeiramente, Deus é bom e quer o melhor para mim. Eu queria acreditar nisso, mas as experiências nos meus anos de formação tornaram essa crença muito mais difícil.

Quanto mais dolorosos são nossos anos de formação, mais difícil é captar nossa identidade em Cristo.

A maneira como você se vê é que constitui a sua identidade. Nossa identidade é formada pelas nossas primeiras experiências na vida. Quando aceitamos a Jesus como nosso Senhor e Salvador, somos apresentados a algo chamado de nossa "identidade em Cristo". Nós temos, então, a oportunidade de nos ver por meio dos olhos de Deus e começar a interpretar o mundo por intermédio das lentes da fé. Quanto mais dolorosos são nossos anos de formação, mais difícil é captar nossa identidade em Cristo.

Quando tentamos construir um relacionamento sem, realmente, entender nossa identidade em Cristo, é como tentar construir uma boa casa sem a participação de um empreiteiro capacitado. O empreiteiro não só sabe ler as plantas como também escolher os materiais apropriados, as ferramentas adequadas a cada serviço e o uso correto da mão de obra disponível. O que precisamos é que Deus seja o empreiteiro geral de nosso casamento.

As oito poderosas ferramentas dadas por Deus – coragem, graça, amor, humildade, perdão, sabedoria, aceitação e compaixão – são desenhadas para alinhar nosso coração com o coração do Senhor. Elas nos mantêm no caminho ou nos trazem de volta para o rumo certo. Essas escolhas corretas nos fortalecem e nos fazem amadurecer, a fim de nos tornarmos mais como Cristo a cada dia.

FERRAMENTA 1: CORAGEM

"Não fui eu que lhe ordenei? Seja forte e corajoso! Não se apavore nem desanime, pois o SENHOR, o seu Deus, estará com você por onde você andar." (Josué 1.9)

Fazer as coisas da maneira de Deus não é sempre algo fácil, mas é sempre o correto a se fazer. Coragem não é a ausência de medo; é determinar que algo é mais importante do que o medo. Seu casamento é mais importante do que seu medo de conflito, seu medo de tirar a máscara, seu medo de intimidade, seu medo de desentendimento ou seu medo de uma conversa honesta.

Antes do casamento, eu (Mark) acreditava que era confiante e corajoso. Havia dirigido um negócio de família bem-sucedido, com responsabilidades que incluíam gerenciamento, vendas, cobranças e captação de novos clientes. Todas essas responsabilidades demandavam coragem e confiança.

Pegue suas ferramentas de Deus

Casamento, no entanto, parecia ser um jogo diferente. Descobri que eu era confiante e corajoso nos negócios, mas não em casa. Tinha modelos a seguir nas atividades profissionais, mas não na vida conjugal. Por causa disso, minha insegurança começou a aparecer. A única maneira que eu sabia para me afirmar em casa, era usando a raiva; então, em vez da coragem, eu lançava mão da ira para manter o controle. Ela não aparecia com frequência, mas, quando sentia medo, eu respondia com autoritarismo, em vez de coragem. Isso foi depois de eu dizer sim para Deus, mas antes de realmente entender meu valor em Cristo. Minhas ferramentas não estavam guardadas em um lugar de fácil acesso.

Eu (Jill) cresci em um lugar onde os conflitos não eram bem resolvidos. Então, era muito real o medo de ser honesta e vulnerável, bem como ter de lidar com qualquer coisa que se parecesse com um conflito. Como o Mark, eu também usava o controle no lugar da coragem. No entanto, meu controle não estava associado à raiva. Enquanto a tendência de Mark era o controle reativo, eu tinha mais tendência a um controle proativo. Tinha medo do conflito e de perder o controle – então, queria estar preparada para tudo, e para que as coisas acontecessem do meu jeito. Ambos precisávamos substituir controle por coragem.

Eu (Mark) também sei que, quando não sei o que fazer, meu corpo se enche de medo. Esse medo é, muitas vezes, alimentado pelo meu pensamento deficiente e pelas mentiras nas quais, um dia, acreditei, como "Nunca vou acertar", "Nunca vou ser suficiente" e "Nunca vou conseguir". A verdade é que muitos de nós lidamos com o medo dizendo a nós mesmos: "Se não sei o que fazer, é melhor não fazer nada." Esse é um ciclo que Jill e eu experimentamos em nosso casamento e o vemos em muitos outros, também. Não sei o que fazer, então fico passivo e não faço nada. Jill, no entanto, não sabe o que fazer também, mas ela fica ativa e faz algo. Quanto mais passivo eu ficava, mais ativa ela se mostrava. Eu, eventualmente, me sentia inferiorizado pela força dela, o que só me tornava mais passivo. Jill quer que eu me envolva, mas a pressão que ela faz me tira a confiança. Isso aumenta meu afastamento e alimenta o desvanecimento que iremos explorar nas páginas seguintes. O centro da passividade é o medo. Você tem medo de dizer ou fazer a coisa errada, ou de deixar alguém triste. Então, não faz nada.

A boa notícia é que você tem uma ferramenta de Deus para combater o medo, que é a coragem. O texto de Salmo 31.24 nos ensina: "Sejam fortes e corajosos, todos vocês que esperam no SENHOR!" Esse é um dos 100 versículos na Bíblia que falam sobre o medo. Ter um casamento saudável e verdadeiro, capaz de sobreviver a momentos difíceis, requer coragem. É por isso que precisamos dessa ferramenta que Deus nos deu: a coragem.

Você precisa de direções práticas para ter mais coragem? Aqui seguem quatro:

De dentro para fora – A coragem aumenta pela força de Deus que está dentro de você. O Senhor nos permite agir de forma correta, independentemente de as pessoas aceitarem nossa atitude ou não – e isso, a despeito do medo. Eu (Mark) desenvolvi minha própria definição de coragem, que me guia internamente: a coragem, para mim, é agir da forma correta, independentemente da aprovação dos outros e de sentir medo ou não.

Com comprometimento – Coragem é algo que aumenta com compromisso. Paulo, em 1Coríntios 16.13, nos recomenda: "Estejam vigilantes, mantenham-se firmes na fé, sejam homens de coragem, sejam fortes." Manter-se firme requer determinação e comprometimento. Não importa o que esteja acontecendo em nosso casamento, temos que nos manter determinados e comprometidos. Isso pode ser realizado sabendo que (1) casamento é para sempre; (2)

Deus estabeleceu o matrimônio e nos dá a força necessária para resolver qualquer problema e ter um casamento próspero; (3) o Espírito Santo nos mostrará como solucionar todos esses problemas.

Importante: Se você está em um relacionamento emocionalmente ou fisicamente abusivo, precisa de um tipo diferente de força e comprometimento, algo que coloque você e seus filhos em segurança. Nem sempre é fácil identificar um relacionamento desse tipo e reagir a ele. Possivelmente, você vai precisar de ajuda externa – amigos, familiares ou, mesmo, autoridades policiais e judiciais. Seja qual for a situação, não se deixe paralisar pelo medo.

Por escolha – Precisamos encontrar coragem para fazer tudo que for necessário para crescer, proteger e fortalecer nosso casamento. Raramente sentiremos vontade de ser corajosos. Devemos, isso sim, escolher ser corajosos.

Com ação – A coragem cresce conforme nós a exercemos. Ação junto de coragem gera mudança. Temos diversos exemplos de homens e mulheres corajosos na Bíblia. Hebreus 11 nos traz um resumo de pessoas corajosas que viveram pela fé. Todas elas ficaram frente a frente com o medo e escolheram o caminho da coragem. Dá para imaginar o tamanho do medo de Noé quando

> *Agimos corajosamente no casamento quando abraçamos a realidade em vez de fugir dela.*

Deus o mandou construir uma imensa arca, mesmo sem estar perto da água e sem uma única nuvem no céu?

Agimos corajosamente no casamento quando perseveramos, em vez de desistir. Quando agimos com integridade, em vez de deixar nossos sentimentos nos controlarem. Quando assumimos a responsabilidade, em vez de deixar para lá. Quando abraçamos a realidade, em vez de fugir dela. Quando escolhemos crescer, em vez de permanecer estagnado. Quando criamos, em vez de destruir. Quando conversamos, em vez de nos fecharmos e quando pedimos perdão, mesmo sem estarmos errados. Agir com coragem é amar, em vez de odiar, e incentivar, em vez de criticar. Portanto, encha-se de coragem e supere esses medos, pelo bem do seu casamento.

FERRAMENTA 2: PERDÃO

"Sejam bondosos e compassivos uns para com os outros, perdoando-se mutuamente, assim como Deus perdoou vocês em Cristo." (Efésios 4.32)

Já estamos bastante familiarizados com o termo perdão, no entanto, é provável que seja a ferramenta menos utilizada em nossa caixa de ferramentas de Deus. Na verdade, se você é casado, provavelmente precisa usar essa ferramenta mais do que uma dúzia de vezes por dia! Essa ferramenta multifacetada corresponde à forma como lidamos com a imperfeição – a de nosso cônjuge e a nossa. É, também, como mantemos nosso coração em ordem e disponível para Deus, reduzindo nossa raiva para que nossas conversas necessárias se desenvolvam sem que o excesso de emoção atrapalhe.

Perdão não é inocentar. O indivíduo perdoado continua sendo responsável por seus atos.

Perdão é um processo interno intencional e voluntário, no qual você experimenta uma mudança de sentimento e atitude em relação a uma mágoa. O resultado do perdão é a liberdade. Você estará livre do controle das emoções negativas, cercando o que quer que seja que aconteceu e que o feriu.

Perdão **não** é deixar o outro se safar. É tirar a responsabilidade de você e transferi-la para Deus.

Perdão **não** é permitir e aceitar. Se você perdoar, não quer dizer que o que aconteceu está certo.

Pegue suas ferramentas de Deus

Perdão **não** é inocentar. O indivíduo perdoado continua sendo responsável por seus atos.

Perdão **não** é esquecer. A ação ocorreu e agora faz parte do relacionamento.

Perdão é deixar de lado os erros que foram cometidos contra você no casamento, para que possa seguir em frente e experimentar novas ideias, novos sentimentos e novas interações. O perdão, quase sempre, representa uma crise da vontade. Nunca temos vontade de perdoar. No entanto, um sentimento de alívio quase sempre vem, seguido da obediência, quando perdoamos. Isso é porque o perdão é realmente limpar a bagunça da nossa alma, da nossa mente e do nosso coração, para que possam estar totalmente disponíveis para Deus. O perdão exige que confiemos que Deus é quem ele diz ser – e que ele dá conta!

Eu (Mark) tenho tido dificuldades em todo o aspecto de fé, confiança e amor. Para mim, às vezes, é um momento de crise. Percebi que, quando não estou disposto a fazer o que Deus pede, não estou confiando nele. Se não posso ter fé e confiar em Deus, então, com certeza, não posso amar como ele. Se você tem dificuldade em perdoar, como eu às vezes tenho, vá mais fundo e descubra se o seu problema está em confiar ou perdoar.

Então, como aprendemos a usar a ferramenta de Deus do perdão, de maneira mais eficaz e com maior frequência? Aqui estão cinco formas:

Receba – Não podemos dar algo que não temos. Quando aceitamos Cristo como nosso Salvador, ele nos perdoa. Nós continuamos errando e, quando pedimos perdão, Deus nos perdoa de novo. Às vezes, temos dificuldade em perdoar a nós mesmos, quando, na realidade, estamos tendo problemas para receber o perdão imerecido de Deus. Encontre liberdade em receber o perdão e, então, conceda a

Não existem casamentos perfeitos

liberdade, oferecendo perdão. Aos cristãos de Éfeso, Paulo confirma que devemos receber antes de dar: "Sejam bondosos e compassivos uns para com os outros, perdoando-se mutuamente, assim como Deus perdoou vocês em Cristo" (Efésios 4.32).

Leve – Leve seus pensamentos cativos. O texto de 2Coríntios 10.5 indica este passo: "Destruímos argumentos e toda pretensão que se levanta contra o conhecimento de Deus e levamos cativo todo pensamento, para torná-lo obediente a Cristo." O que isso significa é que precisamos exercer controle sobre nossos próprios pensamentos. Sim, podemos levar nossos pensamentos para a direção certa. Muitas vezes, nós nos calamos, racionalizamos e até imaginamos discussões em nossa cabeça. Na realidade, contudo, precisamos direcionar nossos pensamentos ao amor, à graça, ao perdão, à compaixão e à humildade. Não podemos perdoar se nossos pensamentos estão correndo soltos e sem controle.

Obedeça – Nós temos que perdoar. Deus é muito claro em Lucas 17.3-4 e em outros versículos como este: "Tomem cuidado. Se o seu irmão pecar, repreenda-o e, se ele se arrepender, perdoe-lhe. Se pecar contra você sete vezes no dia, e sete vezes voltar a você, e disser: 'Estou arrependido', perdoe-lhe." Nós temos que obedecer, decidir e, então, provar a liberdade.

Ofereça – Perdão é, primeiramente, entre você e Deus. Se você sabe que precisa resolver algo com seu cônjuge, decida perdoar antes de abordá-lo. Isso vai controlar suas emoções e ajudará a ter um diálogo honesto em vez de uma discussão acusadora.

Peça – Quando você for pedir perdão, não se limite à expressão "Me desculpe". Obrigue-se a terminar o relato com um pedido formal: "Por favor, me perdoe." Isso encerra o conflito e traz uma questão a que seu cônjuge terá que responder em algum momento, ajudando a curar as feridas que você possa ter causado de forma consciente ou não.

Deus quer que experimentemos o seu perdão e que ofereçamos a outros. Muitas vezes, acreditamos que perdão só é necessário para as grandes traições. Nem sempre. Ele é uma ferramenta que devemos usar todos os dias, todas as horas e nos dias difíceis, a cada minuto.

FERRAMENTA 3: GRAÇA

"A misericórdia triunfa sobre o juízo." Tiago 2.13

Mark ama café. Eu, Jill, amo Mark, mas não sou muito fã do café dele. Parece que encontro manchas de café por todo lado – no carro, no chão, na mesa ao lado da cadeira dele... Na verdade, a mesa dele é completamente coberta de café! Após anos lidando com a sujeira do café do Mark, decidi usar a poderosa ferramenta da graça divina.

Graça é um presente gratuito de Deus. Por causa de Jesus, mesmo merecendo a punição, recebemos a misericórdia no lugar da condenação. É uma resposta àquilo que merecemos. Deus nos dá a graça pelo que ele é. Não conquistamos isso; sequer a merecemos.

Há alguns anos, Mark e eu aprendemos a frase "espaço da graça" para descrever a necessária ferramenta da graça no casamento. Espaço da graça acontece quando permitimos que a outra pessoa seja humana, erre, seja imperfeita e tenha suas próprias esquisitices. Quando concedemos a graça, isso é uma decisão interna de perdoar e uma escolha de deixar algo passar sem discutir o assunto.

A graça está ligada ao perdão. Ela requer o perdão. No entanto, graça é a ferramenta que precisamos para perdoar e realmente deixar algo passar. Usamos essa ferramenta quando lidamos com hábitos inocentes, do cotidiano, que nos incomodam, mas não nos ferem de verdade – como o tal café de Mark, ou deixar as luzes desnecessariamente acesas, ou o assento da privada levantado, ou a toalha molhada em cima da cama... Enfim, como fazer algo de uma maneira diferente do que faríamos.

Usamos também a nossa ferramenta de Deus da graça quando lidamos com as limitações humanas de nosso cônjuge. Jill tem que usar essa ferramenta comigo, Mark, quando não a escuto de verdade e não presto atenção ao que ela diz. Acontece que sou muito ativo e tenho déficit de atenção, além de uma capacidade emocional menor do que ela. Eu me desgasto com muita facilidade. É claro que não faço essas coisas de propósito – sou assim, simplesmente, porque sou humano.

Eu tenho que usar minha ferramenta da graça quando digo algo a Jill, o cérebro dela está processando outra coisa e por isso ela não me escuta. Tenho que usar a graça quando ela perde algo. (Jill só compra óculos de sol e de leitura de farmácia, porque sempre os perde!) Uso a minha ferramenta de Deus da graça, também, quando minha esposa se esquece de levar algo na viagem. Ela faz essas coisas de propósito? Claro que não! Assim como eu, ela comete essas falhas porque é humana. Pois a graça é uma ferramenta que devemos escolher usar para lidar com a natureza humana de nosso cônjuge.

Para diferenciar o que precisa de perdão ou graça, faça essas duas perguntas:

Isso me machuca ou só me irrita?

Isso precisa ser corrigido ou simplesmente aceito, já que faz parte da realidade de ser casado com uma pessoa que não é perfeita?

Graça é um presente maravilhoso para se dar ao parceiro, especialmente se ele tem consciência de seus hábitos ruins e de onde pode melhorar. A graça substitui a crítica. Mesmo que ele ou ela não se dê conta de suas falhas, você ainda pode usar a ferramenta da graça. Ela é, também, uma forma de presentear a si mesmo, porque dá a você outra opção de responder às imperfeições de seu cônjuge, além da crítica.

Quando vivemos a vida como pessoas que concedem graça, vivemos menos estressados e mais felizes. Isso se reflete em nossa

Pegue suas ferramentas de Deus

vida e em nossas ações. Passei (Mark) muitos dos meus "primeiros anos" de casado (digo do primeiro ao 29º ano) tentando mudar a Jill. No começo, eu amava sua personalidade forte, sua determinação, seu pensamento e sua racionalidade, contudo, essas mesmas coisas que eu tanto amava logo começaram a me frustrar, até que comecei a ter verdadeira aversão àquelas características. Hoje, quando olho para trás, vejo que não estava deixando Jill ser ela mesma: eu queria que fosse diferente. O problema é que esses meus anseios estavam me tirando a vida, a paz e a alegria. A graça me restaurou tudo isso de novo.

Graça é vital para um casamento em desenvolvimento. Aqui estão três maneiras de aprender a usar essa ferramenta:

Receba, então dê – Graça é um presente que nos é dado pelo Deus Pai, por meio de Jesus Cristo. A graça dele nos é dada para que a estendamos a outros. O texto de João 1.16 revela essa verdade: "Todos recebemos da sua plenitude, graça sobre graça." Pense desta maneira: Deus nos dá sua graça para a darmos ao nosso cônjuge. Imagine só – a graça que damos não é nossa, mas vem do Senhor!

Sinta a liberdade – Quando compartilhamos a graça, sentimos a liberdade de nos desapegar da ofensa. Isso não só nos afeta, mas também remove barreiras em nosso relacionamento. Graça é uma escolha interna que deixa nosso coração livre para amar.

Experimente o resultado – A graça constrói, em vez de destruir. A passagem de Atos 20.32 estabelece: "Agora, eu os entrego a Deus e à palavra da sua graça, que pode edificá-los." Muitas vezes, pensamos que participar de palestras temáticas, observar disciplinas e assumir responsabilidades no relacionamento ajudam a construir um casamento melhor.

Da próxima vez que você estiver tentado a criticar, pare e pegue a graça da sua "caixa de ferramentas" do casamento.

Não existem casamentos perfeitos

No entanto, tudo isso será mais bem recebido e aproveitado quando existir o equilíbrio da graça no relacionamento.

Portanto, da próxima vez que você estiver tentado a criticar seu cônjuge, pare e pegue a graça da sua "caixa de ferramentas" do casamento. Antes de agir, questione-se se o acontecido é uma ofensa de fato ou apenas algo que o irritou. Se for uma ofensa, aí sim, ofereça perdão antes da abordagem. No entanto, se você estiver apenas se incomodando com as limitações humanas de seu cônjuge, ofereça a graça. E, se você tem ao seu lado um bebedor de café que deixa um rastro por onde passa, pode presentear a graça... junto com um copo de canudinho!

FERRAMENTA 4: AMOR

"Um novo mandamento lhes dou: Amem-se uns aos outros. Como eu os amei, vocês devem amar-se uns aos outros." (João 13.34)

Nós nos casamos porque nos apaixonamos. E muitos se divorciam porque dizem que "deixaram de amar". Por causa disso, acabamos pensando que o amor é um mero sentimento. Não reconhecemos que ele é uma escolha, uma ferramenta que precisamos, intensamente, usar em nosso relacionamento imperfeito.

Amor é uma mistura de afeto, devoção e lealdade. É parte emoção e parte comprometimento. Quando você sente que não ama mais seu cônjuge, isso é, até certo ponto, normal – os sentimentos aumentam e diminuem em todos os relacionamentos. Quando esses sentimentos surgem, no entanto, é sinal de que você precisa pegar sua ferramenta de Deus do amor e começar a usá-la de forma intencional.

Quando Mark decidiu se separar e buscar o divórcio, o amor foi a ferramenta que eu, Jill, escolhi. Sendo bem honesta, não foi ideia minha, mas de Deus. Vários dias depois de descobrir a traição e ter confrontado Mark, eu estava arrasada e implorando a Deus por uma direção. "O que o Senhor quer que eu faça?", supliquei. "Deus, o Senhor tem que me dizer o que fazer. Eu não sei como devo agir!"

Conforme me acalmava, Deus falou ao meu coração. Não foi uma voz audível, mas sim um forte senso de direção e paz: "Jill, eu quero que você o ame." Imediatamente protestei, argumentando que meu marido não era digno de amor naquele momento. Foi quando o Senhor me sussurrou de volta: "E, muitas vezes, você também não." A consciência de que Deus me ama mesmo quando não sou digna de tal amor, me trouxe de volta à realidade. Mesmo assim, pedi a ele que me mostrasse como fazer algo tão difícil.

Alguns dias depois, enquanto lia minha Bíblia, abri aleatoriamente no livro de Romanos. Foi quando o texto do capítulo 12 me saltou aos olhos:

O amor deve ser sincero. Odeiem o que é mau; apeguem-se ao que é bom. Dediquem-se uns aos outros com amor fraternal. Prefiram dar honra aos outros mais do que a si próprios (...) Abençoem aqueles que os perseguem; abençoem, e não os amaldiçoem (...) Tenham uma mesma atitude uns para com os outros. Não sejam orgulhosos, mas estejam dispostos a associar-se a pessoas de posição inferior. Não sejam sábios aos seus próprios olhos. Não retribuam a ninguém mal por mal. Procurem fazer o que é correto aos olhos de todos. Façam todo o possível para viver em paz com todos. Amados, nunca procurem vingar-se, mas deixem com Deus a ira, pois está escrito: 'Minha é a vingança; eu retribuirei', diz o Senhor. Pelo contrário: 'Se o seu inimigo tiver fome, dê-lhe de comer; se tiver sede, dê-lhe de beber. Fazendo isso, você amontoará brasas vivas sobre a cabeça dele'. Não se deixem vencer pelo mal, mas vençam o mal com o bem. (Romanos 12.9-10, 14, 16-21).

Não existem casamentos perfeitos

Deus não poderia ter me mostrado o amor de maneira prática de uma forma mais clara do que isso. Comecei, da melhor forma que pude, a exercer o amor todas as vezes que interagi com Mark. Claro, isso não foi assim de uma hora para outra. Lembro especificamente de uma noite, depois que ele foi embora, quando o vaso sanitário entupiu e eu liguei para ele e falei poucas e boas. Sim... Nada de amor perfeito por aqui. No entanto, diria que na maior parte das minhas interações com Mark, Deus me mostrou como responder com amor. Muitas vezes, eu tive que parar e orar antes de responder. Eu precisava *escolher* uma resposta amorosa porque, geralmente, não tinha a mínima vontade de falar com amor em muitos momentos.

Durante meu (Mark) caso, e enquanto estava separado da Jill e das crianças, eu me encontrava ocasionalmente com ela para jantar. Isso foi ideia minha, sob a única motivação de que, já que tivéramos cinco filhos e três netos juntos, precisávamos ser capazes de nos divorciar amigavelmente, para o bem deles. Jill, depois, me disse que a maioria das pessoas que conhecia a aconselhou a não se encontrar comigo. Ela disse, no entanto, que quando orou a respeito, Deus falou que ela fosse. Estou muito feliz por ela ter ouvido e seguido a voz do Senhor.

O detalhe é que, sempre que nos encontrávamos naquele período, ela era incrivelmente amável comigo. Quando notei isso, fiquei um pouco desconcertado. Certamente, eu não merecia isso. Embora se mantivesse firme, Jill era totalmente amável e gentil. Uma noite, oito semanas depois de partir, perguntei como ela podia me tratar com tanta bondade depois do que eu lhe fizera. Ela me olhou, parou por um momento e disse: "Não sei, Mark. Acho que isso é *desumanível*". Nós dois começamos a rir com aquela palavra que ela inventou para definir algo que não era explicável à luz da razão e do bom senso. Ela disse, mais tarde, que nunca havia pensado naquela palavra, mas que ela simplesmente saíra quando parou e orou antes de responder à minha pergunta: "*Desumanível* é algo que não pertence a mim, mas é de Deus", explicou.

Eu (Jill) fui para casa naquela noite, peguei minha Bíblia e escrevi a palavra "*desumanível*" na margem da folha próxima ao texto de Romanos 12.9-21. Foi a palavra perfeita para descrever como o Espírito Santo estava me guiando e mostrando como amar de uma forma mais profunda. Aprendi que é fácil amar alguém que também nos ama – o jogo é totalmente diferente quando o outro não a ama mais. Minha amiga Juli diz que o que eu fiz foi "convidar com amor". Mark concorda. Ele sentiu isso. Depois que voltou para casa, compartilhei Romanos 12 com ele. Depois que leu, ele disse: "Foi isso o que você fez! Você amontoou brasas vivas na minha cabeça! Quero dizer que você me tratou melhor do que merecia e o amor *desumanível* do Espírito Santo mexeu com meu coração."

Nunca subestime o poder da ferramenta de Deus do amor!

FERRAMENTA 5: HUMILDADE

"Nada façam por ambição egoísta ou por vaidade, mas humildemente considerem os outros superiores a si mesmos." (Filipenses 2.3)

Nossa natureza humana quer fazer aquilo que desejamos. O orgulho pode facilmente se esgueirar e prejudicar nosso casamento, pois é egocêntrico. Só se importa consigo mesmo, com sua realização. Nessa dinâmica, só o que importa sou "eu". O orgulho nos impede de pedir perdão quando estamos errados. Ele cria barreiras, destrói a bondade e mata a intimidade.

O orgulho é um ladrão. Ele nos rouba a alegria, porque ficamos obcecados em acreditar que merecemos algo melhor do que o que temos. Ele nos impede de viver o plano de Deus para nossa vida, porque exige que as coisas sejam feitas do nosso jeito. O orgulho nos rouba o conhecimento, porque nos faz acreditar que já sabemos de tudo. Ele nos impede de experimentar a cura, porque nos recusamos a perdoar e jamais admitiríamos estar errados. Orgulho é algo que tira a intimidade do nosso relacionamento com Deus, porque nos faz pensar que podemos fazer as coisas sozinhos e danifica o nosso relacionamento com as pessoas, porque pensamos que estamos sempre certos e os outros, errados. Ele nos impede de provar a profundidade emocional em nosso casamento, porque não estamos dispostos a ser honestos e transparentes. Mais do que tudo, o orgulho prende uma corrente em volta do nosso coração, nos mantendo amarrados ao ódio, aos conflitos e a um espírito de condenação. Ele nos envenena e nos rouba as alegrias da vida.

A expressão humildade, se mal interpretada, pode denotar fraqueza – a verdade, porém, é que a humildade é sinal de grande força. É sobre colocar seu ego de lado. A palavra humildade vem do latim *humilitas*, que significa fundamentado ou submisso. Quando somos bem fundamentados, não somos facilmente influenciados. Nós nos mantemos firmes a quem somos, a quem pertencemos e com quem estamos comprometidos para sempre. Uma pessoa enraizada não procura reconhecimento, porque está ciente de seu valor aos olhos de Deus.

Humildade também tem a ver com submissão. Uma pessoa humilde se submete à autoridade. Submissão acontece quando permitimos que Deus guie nossa vida, submetendo-nos à sua liderança. Fazemos isso porque confiamos nele como nosso criador e cremos que Deus quer o melhor para nós. Quanto mais submissos somos, maior a paz que alcançamos.

Eu (Mark) luto com o lado "submisso" da humildade. Questiono se Deus realmente quer o melhor para mim e, muitas vezes, cometo o erro de tentar assumir a liderança da minha vida. Tenho que pegar a minha ferramenta de Deus da humildade, quando tento resolver os problemas com minhas próprias mãos – e acabo estragando tudo.

Pegue suas ferramentas de Deus

Eu (Jill) tenho que pegar minha ferramenta de Deus da humildade com mais frequência quando Mark e eu nos desentendemos ou quando fico frustrada com ele. O orgulho facilmente entra quando penso que o meu jeito de fazer as coisas é melhor que o dele. O orgulho também dá as caras quando estou errada e preciso reconhecer o fato, pedindo perdão. Meu orgulho teimoso mantém meu coração separado do de Mark, quando não estou disposta a pegar minha ferramenta de Deus da humildade da forma como deve ser usada. Quando substituo o orgulho por humildade, muito do desvanecimento do casamento é revertido!

Nossa humanidade quer discutir, se proteger e estar certa.

Então, como desenvolvemos a nossa humildade? Aqui seguem três passos:

Escolha – Da mesma forma que acontece em relação ao perdão, raramente "sentimos vontade" de ser humildes. Nossa humanidade quer discutir, se proteger e estar certa o tempo todo. Temos que, deliberadamente, escolher substituir nosso orgulho por humildade. Temos que escolher nos submeter a Deus e à sua vontade.

A passagem de Tiago 4.10 nos direciona: "Humilhem-se diante do Senhor, e ele os exaltará." No fim do meu relacionamento fora do casamento, eu (Mark) cheguei a um estado em que escolhi ser completamente humilhado pelo meu pecado, por minha dor, por meus pensamentos e minhas decisões. Cheguei a um momento em que ninguém, além de Deus, era capaz de consertar algo. Então, me submeti à poderosa mão do Senhor de uma maneira muito maior do que jamais havia me submetido. Eu sabia que precisaria seguir completamente suas direções. Também vi a segunda parte do texto de Tiago 4.10 (sobre ser exaltado) se concretizar. Meu casamento foi restaurado, minha família, unida, reconquistei a confiança dos meus filhos e estou servindo a Deus da forma mais obediente que sou capaz. Nos valores de Deus, eu diria que fui "exaltado".

Vigie - Vigie seus pensamentos. Romanos 12.3 nos fala: "Pois pela graça que me foi dada digo a todos vocês: ninguém tenha de si mesmo um conceito mais elevado do que deve ter; mas, pelo contrário, tenha um conceito equilibrado, de acordo com a medida da fé que Deus lhe concedeu." Quando somos humildes, paramos de pensar em nossos planos, nossas mágoas, nossas decisões, nossas vontades, nossos desejos e nos alinhamos ao pensamento de Deus e sua vontade. Quando estamos frustrados com nosso cônjuge é bom se perguntar: "Eu já fiz algo parecido com isso?" Na maioria das vezes a resposta é sim, e quando você se dá conta de que não é perfeito também, é mais fácil ser humilde.

Ninguém entra em um casamento sabendo como ser casado.

Veja - Quando você usa a ferramenta de Deus da humildade, veja o impacto que ela tem. Muitas vezes nossa humildade amolece o coração de nosso cônjuge de alguma forma. Às vezes, pode ajudar a resolver um conflito. Quase sempre isso muda nosso coração e como vemos as coisas.

FERRAMENTA 6: SABEDORIA

"Se algum de vocês tem falta de sabedoria, peça-a a Deus, que a todos dá livremente, de boa vontade; e lhe será concedida." Tiago 1.5

Ninguém entra em um casamento sabendo como ser casado. Podemos *pensar* que sabemos, mas não demora para percebermos que "você não sabe o que não conhece". Mesmo que tenha tido bons exemplos na infância, há muita coisa que você não presenciou, mas

Pegue suas ferramentas de Deus

que contribui para um casamento duradouro. As pequenas escolhas erradas nos afastam, e as pequenas escolhas certas nos mantêm conectados. É a nossa ferramenta de Deus da sabedoria que nos faz tomar as pequenas decisões corretas.

O aprendizado sobre o casamento é uma jornada que dura toda a vida. Mesmo casais que estão casados por décadas precisam continuar buscando a sabedoria em como ser a pessoa certa, como entender melhor as diferenças, como aumentar a intimidade tanto sexual quanto não sexual, como parar os desvanecimentos e como lidar com qualquer coisa que a vida possa colocar na sua frente.

Recebemos sabedoria da Bíblia, do conhecimento e da experiência de pessoas sábias e de nossas próprias experiências. Algumas pessoas olham para as Escrituras como um livro de regras. O que precisamos ver, no entanto, é um livro no qual podemos encontrar direção e diretrizes, que podem nos proteger das consequências das escolhas erradas. Vivendo a vida da maneira que Deus quer, não impede de que algo de ruim aconteça em nossa vida; afinal, este mundo é doente. No entanto, podemos fazer a nossa parte nos armando com a palavra de Deus. Também aprendemos pelo conhecimento e pela experiência de outras pessoas. Mark e eu esperamos que, compartilhando nossa jornada e as lições aprendidas de nossas experiências, você possa adquirir conhecimento que irá fortalecer seu próprio casamento. E, é claro, você não só pode, mas deve aprender por intermédio de sua própria experiência, boa e ruim. Conforme você começa a mudar a maneira como age dentro do seu casamento, seu conhecimento aumenta!

Agora, nós dois achamos que é importante parar e falar com aqueles que são casados e seu cônjuge não quer se envolver no processo de mudança do casamento. Talvez você pense: "Qual o objetivo disso? Sou o único que está se esforçando. Por que estou investindo tanto, enquanto ele não?" Antes de prosseguirmos, você precisa focar em um trecho importante da sabedoria de Deus. Está em Colossenses 3.23:

Não existem casamentos perfeitos

"Tudo o que fizerem, façam de todo o coração, como para o Senhor, e não para os homens." Não importa o que o seu cônjuge faça, você deve ser motivado a fazer a coisa certa para agradar a Deus. Não para um resultado específico, mas simplesmente porque Deus pede que faça. Da maneira dele. A beleza disso tudo é que você receberá sabedoria. Você será transformado. E se uma pessoa muda no casamento, o casamento é transformado!

Mesmo quando eu (Jill) estava aprendendo a amar de maneira mais profunda e confiar mais em Deus quando Mark saiu de casa, eu não tinha certeza de que ele voltaria. Na verdade, as pessoas que estavam à minha volta me diziam que encarasse a realidade de que o coração do Mark tinha endurecido, e não o contrário. Eu refletia se isso era uma perda de tempo e energia até que Deus me lembrou que eu deveria fazer isso para agradá-lo e a ninguém mais. Eu tinha a atenção daquele que mais importava. Finalmente cheguei a um momento em que disse: "Deus, quer meu casamento sobreviva ou não, sei que o que fiz não foi em vão. Quero continuar podendo dizer que andei com integridade. Quero poder dizer que aprendi mais sobre o Senhor, a sua palavra e sobre mim ao longo dessa jornada." Se você está num momento parecido com este, continue procurando agradar a Deus. A sabedoria que receberá valerá seu tempo.

Muito da confusão que eu (Mark) gerei em meu casamento foi porque ignorei a sabedoria da palavra de Deus. Eu sabia o que Deus havia falado sobre não controlar a raiva (Efésios 4.26), mas ainda assim deixei o ódio me consumir. Eu sabia o que a palavra de Deus falava sobre aquele que olhar outra mulher com desejo, já cometeu adultério em seu coração (Mateus 5.28), mas ainda assim eu via pornografia. Sabia que não era sensato conversar com uma antiga amiga no Facebook (1Coríntios 16.13), mas fiz mesmo assim, e essas conversas acabaram por gerar uma traição. Em outras palavras, a sabedoria no meu casamento era uma ferramenta que estava à mão e conscientemente decidi não a usar. É claro que eu não estava pensando nisso naquele momento... ou talvez estivesse, mas escolhi ignorar aquela voz baixinha da sabedoria e da responsabilidade na minha cabeça.

Humildade e sabedoria andam lado a lado. De fato, Provérbios 13.10 nos diz: "O orgulho só gera discussões, mas a sabedoria está com os que tomam conselho." Humildade nos permite ouvir a sabedoria dos outros. Humildade abre nosso coração para a sabedoria da verdade de Deus. Humildade nos permite examinar cuidadosamente nossas experiências e determinar se devemos repetir as mesmas ações ou correr para o outro lado!

Aqui estão três maneiras práticas de crescer em sabedoria:

Leia a palavra - Se você nunca foi de ler a Bíblia, um ótimo livro para começar é o de Provérbios, conhecido como o livro da sabedoria. Uma boa maneira de começar é ler o capítulo de número correspondente ao dia do mês. Se hoje é dia 5, leia Provérbios 5, então amanhã Provérbios 6. Se você não conseguir ler um dia, não se preocupe. Só continue lendo o capítulo correspondente ao dia do mês. Provérbios possui 31 capítulos, então quando chegar ao fim do mês, comece a ler tudo de novo. Adquirir sabedoria é sempre bom!

Ouça o Espírito - O Espírito Santo conduz e guia. Na maior parte do tempo, nós simplesmente não estamos ouvindo. Preste atenção nos momentos em que você sente um verdadeiro sentimento de culpa. Talvez você tenha falado de forma rude com o seu cônjuge e percebeu que isso não era necessário e agora precisa se desculpar. Confie naqueles momentos em que Deus bate no seu ombro e sussurra: "Seu tom foi desrespeitoso, e você sabe disso."

Apoie-se na comunhão - Deixar os outros participarem de suas lutas pode oferecer sabedoria e responsabilidade. Só de saber que você não está sozinho pode fazer uma grande diferença em como você se sente em relação às dificuldades que está enfrentando. Procure outras pessoas que sejam honestas sobre suas lutas e que estejam dispostas a compartilhar lições ao longo do caminho em blogs, livros e seminários cristãos. Esse foi o motivo de Mark e eu fazermos nossas postagens no blog do *Marriage Monday* (Segunda de casamento). Você pode se inscrever em www.JillSavage.org!

FERRAMENTA 7: COMPAIXÃO

"Portanto, como povo escolhido de Deus, santo e amado, revistam-se de profunda compaixão, bondade, humildade, mansidão e paciência. Suportem-se uns aos outros e perdoem as queixas que tiverem uns contra os outros. Perdoem como o Senhor lhes perdoou." Colossenses 3.12-13

Eu (Jill) já falei sobre como tenho a tendência de ser uma pessoa "bola pra frente". Isso significa que sou uma mãe bola pra frente e uma esposa bola pra frente – o que pode significar que posso ter pouca compaixão. Isso também significa que este é o aspecto que Deus tem mais trabalhado em mim. Durante anos aleguei que "Deus me fez desta maneira". Então fiz um estudo sobre o caráter de Deus. Quando cheguei em "Deus é compassivo", engoli em seco. Se Deus é compassivo e eu sou criada à imagem e semelhança de Deus, então também posso me tornar compassiva. Com o tempo pude entender que a compaixão é uma ferramenta de Deus extremamente necessária no casamento.

A autora e palestrante Tammy Maltby compartilhou comigo: "Compaixão é uma escolha. Precisamos escolher enxergar. Precisamos fazer a escolha de nos aproximar dos outros e chorar quando eles choram. Usamos nossas lágrimas e nossa dor para nos conectar, para construir uma ponte que nos ligue à realidade do outro. É uma das ferramentas mais poderosas de Deus."

Compaixão nos faz sentir. Constrói pontes. Cria um senso de segurança e de estabilidade em nosso casamento e nos seus relacionamentos mais importantes. Aprender a ouvir com empatia ajuda seu cônjuge a confiar mais em você. Isso faz com que ele ou ela sintam-se validados e amados. Compaixão ajuda a desacelerar, ter sintonia e realmente se conectar com aqueles que você ama. É uma ferramenta de Deus muito pouco utilizada no casamento, principalmente quando aumenta o estresse, a tolerância diminui e você se torna mais familiarizado com as imperfeições de seu cônjuge. Intimamente relacionadas com a compaixão estão a bondade e a paciência. De fato, é seguro dizer que se você estiver usando sua ferramenta da compaixão, é mais provável que esteja mais bondoso e paciente também.

Quando Mark passou por sua crise de meia-idade, Deus usou esses nove meses para trabalhar a compaixão dentro de mim. É claro que no começo eu estava magoada e com raiva. Rapidamente, no entanto, comecei a ver o Mark como uma pessoa confusa e machucada. Ele não era meu inimigo, mas, sim, estava sendo enganado pelo inimigo. Ele havia se perdido. Acredito que quanto mais uso a ferramenta da compaixão, mais me abro para amar de forma "desumanível". Precisa usar mais a ferramenta de Deus da compaixão? Aqui estão três maneiras práticas:

Você não precisa concordar com as emoções quando oferece apoio.

Foque nos sentimentos, e não em uma solução. Aqui se encaixa um antigo ditado em inglês que se traduz como: "As pessoas não se importam com o quanto você sabe até que elas saibam o quanto você se importa." Você não precisa concordar com as emoções quando oferece apoio. Simplesmente deve fazer com que a pessoa saiba que você está conectada com o que ela está sentindo.

Olhe para seu cônjuge com os olhos de Deus. Veja-o como doente. Ferido. Em desenvolvimento. Necessitando de um Salvador. Lutando. Perdido. Confuso. Imperfeito. Veja-o com os olhos da graça e do amor.

Responda com declarações de apoio e empatia. "Aposto que foi muito decepcionante", ou "Tenho certeza de que isso machucou muito o seu coração", ou "Fico muito triste com isso. Nem imagino como você deve estar se sentindo", ou "Sinto muito. Tenho certeza de que foi uma experiência muito dolorosa". Essas respostas atenciosas mostram ao seu cônjuge que ele é ouvido e que você se importa com ele.

Muitos anos atrás, eu (Jill) estava apresentando meu workshop de *Não existem filhos perfeitos* em uma igreja. Falei sobre a compaixão no exercício da paternidade e como é importante nos relacionarmos com compaixão com nossos filhos. No fim da reunião, uma mãe se aproximou de mim chorando. "Quando você falou de compaixão", ela disse, "Deus levou o foco para meu casamento. Meu marido ficou desempregado seis meses atrás, quando a empresa em que ele trabalhava passou por uma reestruturação. Todos os dias eu perguntava a ele o que havia feito para encontrar um trabalho. Quantos currículos você enviou? Mandou e-mail para quem? Em nenhum momento pensei em como ele estava se sentindo durante esse período difícil. Nunca tentei sentir o que ele sentia – somente dava ordens para resolver a situação. Vou chegar em casa hoje, pedir perdão e criar uma ponte para ligar o meu coração com o dele por meio da compaixão. Obrigada por me fazer enxergar isso."

Isso, meus amigos, é o resultado da ferramenta de Deus da compaixão em um casamento real.

FERRAMENTA 8: ACEITAÇÃO

"Portanto, aceitem-se uns aos outros, da mesma forma como Cristo os aceitou, a fim de que vocês glorifiquem a Deus." Romanos 15.7

Todo ser humano tem uma grande necessidade de pertencer. Queremos saber que as pessoas acreditam em nós, nos aprovam e nos aceitam pelo que somos. Aceitação parece fácil quando estamos namorando. Depois do casamento, parece que fica mais difícil aceitar o outro porque lidamos com essas diferenças com maior frequência! Além disso, começamos a passar por situações que não estávamos antecipando. É por isso que precisamos da ferramenta de Deus da aceitação.

Aceitação é acolher totalmente o outro pelo que é, sem tentar mudar, alterar ou corrigir. Isso é difícil para muitos de nós. Dizemos que aceitamos nosso cônjuge, mas, na realidade, tentamos mudá-lo. Eles nos deixam malucos e queremos colocar um fim nisso. Isso era o ponto central da minha (Mark) desilusão quando terminei meu casamento. Eu não enxergava isso na época, mas vejo claramente hoje.

Jill e eu tivemos uma longa caminhada de aprendizado quando se trata da ferramenta da aceitação. Vamos contar nossas histórias:

> *Dizemos que aceitamos nosso cônjuge, mas, na realidade, tentamos mudá-lo.*

História da Jill

Aceitação é uma ferramenta de Deus que eu tinha dificuldade em me lembrar de usá-la. Meu pensamento orgulhoso de achar que o meu jeito é o certo, muitas vezes me atrapalhava. Quero que o cérebro do Mark funcione como o meu, e quando isso não acontece, minha tendência é criticar ou tentar mudá-lo. Quero que o Mark goste de algumas coisas que gosto, e quando isso não acontece, tento mudar sua perspectiva. Quando faço esse tipo de coisa, eu não o estou aceitando pelo que ele é e como Deus o fez.

O que aprendi foi: as imperfeições de Mark me ensinam. Elas me ensinam sobre o amor, a graça, o perdão e todas as outras formas que Deus quer que eu lide com esse mundo imperfeito à minha volta. Quero torcer pelo Mark, mas não posso só ver o potencial que ele tem, mas celebrá-lo no presente. Preciso notar os passos que ele já deu, e não só pensar nos passos que ainda vai dar. Preciso celebrar quão longe chegou e o enxergar pelo que ele é, e não pelo que quero que ele seja.

Aceitação me ajudou a honrar meu marido. Ajudou-me a celebrar quem ele é. Mark se movimenta em um ritmo diferente do meu, então estou aprendendo a honrar seus passos mais lentos, até mesmo quando ele faz uma pausa para sentir o cheiro das flores no caminho. Não sou a mãe dele. Não sou a treinadora. Não sou a professora dele. Sou a esposa, e a aceitação me ajudou a ficar mais unida ao homem que amo para passarmos a vida juntos.

História do Mark

Enquanto tentava entender a minha traição e examinava os "porquês" por trás do que aconteceu na minha mente e no meu coração, percebi que não estava aceitando a Jill pelo que ela é. Em vez disso, eu estava trabalhando contra ela, tentando mudá-la no que era mais fácil e confortável para mim. Estava trabalhando para transformá-la em quem eu queria que ela fosse.

Meu primeiro passo para aprender a usar a ferramenta da aceitação foi pedir perdão a Deus. Arrumei a bagunça que estava na minha mente e no meu coração sobre minha esposa. Depois de arrumar a bagunça interna, pedi perdão à Jill. Então o trabalho de verdade começou. Tive que começar a ver as coisas boas nela... até mesmo o que me deixava frustrado.

As nossas diferenças trazem coisas boas, mas, antes de aprender sobre aceitação, eu não era capaz de enxergar isso. Não só não enxergava o bom como via como um ataque pessoal. Eu levava certas coisas para o lado pessoal que não tinham nada a ver comigo.

Aqui está um quadro que mostra como mudei minha perspectiva:

Pegue suas ferramentas de Deus

A característica que não gosto	Por que não gosto	Qual o lado bom dela ou o que posso fazer a respeito
Personalidade forte	Sua força me faz sentir como se eu não fosse necessário, e alimenta a minha vergonha tóxica de não ser suficiente.	Preciso parar de levar a força dela para o lado pessoal, lidar com minha vergonha tóxica e reconhecer minhas próprias forças, que são diferentes.
Alta capacidade	Não consigo acompanhá-la. Mesmo que eu tente, tenho que parar muito antes dela.	Preciso me comunicar, aceitar meus limites e estar totalmente confortável com eles. Também preciso reconhecer que a minha capacidade média-baixa traz equilíbrio para a vida de Jill também.
Comunicação decisiva	Frequentemente, me sinto inferior e inadequado.	Jill tem uma alta capacidade intelectual. Ela organiza seus pensamentos. Toma boas decisões. Eu posso aprender com ela e tomar melhores decisões também.
Pensamento preto no branco	Eu penso em nuances de cinza, analiso diversas opções e então tomo uma decisão.	Algumas vezes ter muitas opções não é uma coisa boa. Uma decisão precisa ser tomada baseada nos fatos disponíveis. Adicionar mais fatos pode gerar confusão. Jill me faz ter mais equilíbrio nisso.
Estilo de liderança	Jill tem um estilo mais autoritário, enquanto eu tento buscar mais um consenso. Não gosto de que me digam o que fazer.	Preciso entender por que levo isso para o lado pessoal e preciso aprender a trabalhar junto, e não contra.
Direta	Jill se comunica de forma direta, e eu não gosto de confronto nem conflito.	Preciso aceitar que a comunicação direta é clara e boa. Tenho que parar de procurar conflito nisso. Se o estilo dela passar de direto para desrespeitoso, eu preciso falar com ela sobre isso.

Não existem casamentos perfeitos

Confesso que sou uma pessoa que sempre busca o botão de "modo fácil". Sempre busquei viver em uma "zona sem combate e sem conflito". Porém também sou o cara que só quer acompanhar, não querendo produzir ondas, mas que está fervendo abaixo da superfície. Pelas centenas de conversas que tive com homens em crise, sei que não sou o único assim.

Lembro de uma vez, muitos anos atrás, quando Jill e eu não estávamos nos entendendo. Os detalhes não são importantes, mas me lembro de que finalmente falei de forma clara meus questionamentos com ela e ela me puxou e me beijou! Sim, você leu certo. Ela me beijou! Ela disse assim: "Esperei toda a nossa vida de casados para você dar sua opinião e encontrar sua voz. Obrigada!" Obviamente levei mais alguns anos para realmente encontrar minha voz, mas agora eu a tenho. Alguns de vocês são como eu, e decidiram (erroneamente) que ser passivo é mais fácil. No entanto, mais fácil nem sempre é melhor. Comece a aceitar e ver sua esposa com novos olhos para que vocês possam dar os braços e caminhar juntos pela vida.

PENSE A RESPEITO

Tenho um cinto para ferramentas (minha identidade em Cristo) forte o suficiente preso a mim? Se não, quais passos preciso dar para fortalecê-lo? _____

_____

_____

Das oito ferramentas listadas neste capítulo, qual delas você precisa começar a usar mais? _____

_____

_____

Pegue suas ferramentas de Deus

Qual é o primeiro passo prático que posso dar para tornar isso real? _____

_____

Faça um quadro com três colunas

Identifique a personalidade do seu cônjuge que você precisa aceitar e olhar de outra forma:

A característica que não gosto em meu cônjuge:	Por que não gosto:	Qual o lado bom dele ou o que posso fazer a respeito:

FALE A RESPEITO

A principal tirada deste capítulo foi _____

_____

Depois de ler este capítulo, vejo que preciso começar a focar nas ferramentas de _____ e

_____

O que você acha? _____

_____

Não existem casamentos perfeitos

FALE COM DEUS A RESPEITO

Senhor, nunca pensei sobre estas oito ferramentas que o Senhor me deu, para lidar com as imperfeições do meu casamento. Ajude-me a mudar a maneira como respondo às imperfeições de _____. Traga à minha mente a ferramenta que preciso usar em meus momentos de frustração. Quero agir do jeito que o Senhor deseja, em vez de reagir da maneira que quero. Em nome de Jesus. Amém.

Verdade do dia: "As armas com as quais lutamos não são humanas; pelo contrário, são poderosas em Deus para destruir fortalezas. Destruímos argumentos e toda pretensão que se levanta contra o conhecimento de Deus, e levamos cativo todo pensamento, para torná-lo obediente a Cristo." 2Coríntios 10.4-5

CAPÍTULO 4

AME O *real*, NÃO O *sonho*
O LENTO DESVANECER DE EXPECTATIVAS IRREAIS

Nós nos casamos no dia 25 de junho, e o aniversário do Mark era um mês depois. Fiz planos de celebrar seu aniversário da única maneira que sabia: com bolo caseiro e um jantar em família. Só havia um problema: a forma como eu estava acostumada a celebrar aniversários não era a mesma como a família de Mark os celebrava. Eles sempre compravam um bolo (aqueles que trazem escrito "Feliz Aniversário") e saíam para jantar. Então, Mark esperava que seu aniversário fosse celebrado da forma como ele fora acostumado. O único ponto era que eu não sabia o que ele esperava. Oh, a alegria da expectativa!

Muitos de nós não têm ideia das expectativas que se escondem no fundo da nossa mente. Muitas dessas expectativas são desconhecidas e, por isso, não são nem mencionadas. Isso significa que elas não são atendidas – e, muitas vezes, nem são realistas. Leia nossa história:

Não existem casamentos perfeitos

Mark: Eu não tinha noção de quanto o idealismo e as expectativas irreais afetavam meu pensamento e minha perspectiva dentro do meu casamento. Sempre lutei para que nosso relacionamento, nossos pontos de vista e nossos interesses fossem diferentes do que eram na realidade. Reparamos pouco nas nossas pequenas diferenças quando estamos namorando, mas algumas eram evidentes. Depois de casar, essas diferenças são ampliadas. Mesmo nos primeiros anos, eu já sofria com elas. Após quase trinta anos de casamento, já estava cansado dos nossos problemas e sentia que não tinha mais energia nem vontade de resolvê-los.

Muitos de nós não têm ideia das expectativas que se escondem no fundo da nossa mente.

Jill: Eu sabia que casamento era difícil e que conviver com diferenças era parte do acordo. Portanto, não lutei tanto com expectativas irreais quanto o Mark. No entanto, subestimei completamente o quanto o idealismo do Mark estava causando um lento desvanecimento em seu coração. Quando ele expressava sua frustração sobre nossas diferenças, eu não dava atenção às suas preocupações, nem estava disposta a gastar o tempo e a energia que elas mereciam. Eu sempre lembrava que isso era normal para qualquer casal. Saber disso foi o suficiente para me fazer continuar motivada e permanecer no jogo, mas não para Mark.

Mark: Sou sentimental. Eu vivo por meio das minhas emoções. Processo as coisas de forma externa, o que significa que preciso conversar sobre elas. Também sou uma pessoa de "capacidade média" – eu me canso mais rápido do que a Jill. E não posso esquecer do idealista em mim. Eu sonho... *muito*.

Jill: Eu sou racional e processo a vida de maneira lógica. Administro as coisas internamente, o que significa que penso muito nelas. Sou uma pessoa de elevada capacidade e altamente leal. Permaneço no jogo, não importa o que aconteça. E sou realista – por

Ame o real, não o sonho

isso, sou rápida para descobrir o lado ilógico dos sonhos.

Mark: Quando minhas expectativas não foram atendidas, o lento desvanecimento me levou à decepção e ao desânimo. Durante anos, guardei esses sentimentos que, sem serem abordados, se transformaram em desilusão e, finalmente, levaram-me a abandonar minha família. Não percebi o quanto eu estava me separando da minha mente. Aconteceu um centímetro de cada vez. Eu estava alimentando o desapontamento, os pensamentos desiludidos e racionalizando porque eu merecia algo diferente para ser feliz. Ao fazê-lo, afastei-me de Jill e do meu compromisso com o meu casamento, mesmo sem perceber.

Foi somente quando minhas expectativas irreais começaram a impactar a "relação do meu caso" como tinha acontecido no meu casamento, que tive de encarar meu idealismo. Minhas expectativas eram, realmente, absurdas.

> *Na verdade, esse é um padrão que Jill e eu vemos em muitos casamentos: o homem que nunca errava antes de ter filho, agora nunca acerta depois que as crianças nasceram.*

Jill: Minhas expectativas irrealistas eram mais sobre o meu marido, em geral. Eu esperava que ele pensasse como eu. Queria que ele visse as coisas de forma lógica, como eu. Sendo totalmente sincera, achava que meu jeito era o caminho certo e o dele, o rumo errado. É o que se chama, normalmente, de orgulho. Então, eu esperava que, em algum momento, ele se desse conta de que seu jeito era o errado.

Mark: Senti esse julgamento de Jill. Muitas vezes, parecia que eu não conseguia fazer nada direito. Eu não havia sentido isso até as crianças aparecerem. Na verdade, esse é um padrão que Jill e eu vemos em muitos casamentos: o homem que nunca errava antes de ter filho, agora nunca acerta depois que as crianças nasceram.

Jill: As expectativas se enquadram em várias categorias: desconhecidas, não mencionadas, irrealistas e não atendidas. Quando reconhecemos nossas expectativas, podemos enfrentá-las. Vamos entender esse desvanecimento perigoso e o que podemos fazer sobre isso.

EXPECTATIVAS DESCONHECIDAS

Recentemente, ouvimos duas mães com a chamada síndrome do ninho vazio, falando sobre a diferença entre ir para a casa de sua filha e a da sua nora. Uma mãe disse que, quando ia à casa da filha, geralmente conseguia encontrar as coisas, porque elas eram armazenadas de maneira semelhante em sua própria casa. Tal mãe, tal filha. A outra mãe concordou e disse: "Mas quando vou para a casa do meu filho, é diferente. As coisas estão guardadas da mesma forma que a mãe da minha nora as guarda, e eu não consigo encontrar nada!"

As expectativas desconhecidas, como as chamamos, geralmente vêm de nossa família de origem. São as tradições, as rotinas e os hábitos tidos como normais para cada um de nós. Quando você passa cerca de vinte anos fazendo as coisas de certa maneira, não pensa muito sobre a existência de outras formas de dobrar lençóis, guardar eletrodomésticos, colocar papel higiênico no rolo, celebrar aniversários, lidar com conflitos, preparar comida e muito mais.

Como para você essas rotinas diárias são normais, você espera que seu cônjuge faça as coisas da mesma maneira. Acontece que poucos de nós pensam em outras maneiras de fazer as coisas, e é por isso que esse tipo de expectativa é desconhecida. Nós nem nos damos conta de que elas existem no fundo da nossa mente – até que nosso cônjuge os faça de forma diferente e dê de frente com nossas expectativas, que nem sabíamos que estavam lá!

Uma vez que as expectativas desconhecidas se tornam conhecidas, o que fazemos com elas? Como podemos evitar que causem conflitos desnecessários em nosso casamento? Nós aplicamos nossa ferramenta de Deus da aceitação. Aceitamos as diferenças de nosso cônjuge, resistindo à vontade de determinar que estão erradas.

Ame o real, não o sonho

Reconhecemos que há mais do que "nosso jeito" de fazer as coisas e que os dois caminhos estão corretos. Como minha amiga Rhonda diz, 2 + 2 = 4, mas o mesmo acontece com 3 + 1 e 4 + 0. Rhonda usou a matemática para lidar com suas expectativas desconhecidas nos primeiros anos de casamento, quando trabalhava em tempo integral, com muitas viagens, e grande parte das responsabilidades da casa e das crianças, estava caindo sobre o marido. Ele fazia compras no mercado de forma diferente da dela. Ele administrava a casa de maneira diferente da dela e cuidava dos filhos de um jeito todo seu. No entanto, as compras, a administração da casa e o cuidado das crianças ainda eram realizados. Às vezes, nos esquecemos de que há mais de uma maneira de fazer determinadas coisas.

A humildade é uma ferramenta importante para se lidar melhor com as expectativas desconhecidas. O oposto da humildade é o orgulho, e este pode facilmente entrar em nosso pensamento na forma de expectativas. "Meu caminho é o caminho certo!" É um pensamento orgulhoso. A humildade diz: "O seu jeito é tão valioso quanto o meu, e tudo bem se formos diferentes." Observe que não dissemos "O seu jeito é tão bom quanto o meu". E por que isso é importante? Um parceiro no casamento é provavelmente mais focado na eficiência do que o outro. Em nosso casamento, esta é a Jill, não eu. Eu dirijo sem pensar muito em como vou chegar lá e cozinho sem ter um prato final em mente. Na verdade, penso nos detalhes e planejo as tarefas, mas penso mais em "pedaços" que não estão em nenhuma ordem específica do que em listas. Também tento ser mais impulsivo – e espontâneo – do que organizado.

É claro que isso me deixa completamente louca (Jill)! Meu pensamento é muito contínuo. Penso nos detalhes de um projeto, juntando tudo o que preciso antes de começar. Eu dirijo de forma estratégica, analisando o trânsito e a rota que parecem mais rápidos. Na cozinha, verifico se tenho todos os ingredientes antes de fazer a refeição. Na minha opinião, há sempre uma abordagem lógica e um passo a passo específico para qualquer coisa que se faz.

Há alguns anos, Mark e eu aprendemos sobre algo chamado de "estilos de mentalidade". Baseado na pesquisa de Anthony Gregorc, há quatro tipos diferentes de "estilos de pensamento/processamento": concreto sequencial, concreto aleatório, sequencial abstrato e aleatório abstrato.[1] Foi muito esclarecedor para o nosso casamento descobrir que nossa mente é criada de forma diferente. Seu estilo de mentalidade é concreto ou abstrato e também aleatório ou sequencial. Vamos passar alguns minutos aprendendo sobre os quatro estilos de mentalidade diferentes, para ver se você pode se identificar ou classificar seu cônjuge neles.

A capacidade de percepção da sua mente

Concreto: Essa qualidade permite coletar informações diretamente por intermédio dos seus cinco sentidos: visão, olfato, tato, paladar e audição. Quando você está usando sua habilidade concreta, está lidando com o óbvio, o aqui e agora, os fatos. Não está procurando significados ocultos ou fazendo conexões entre ideias ou conceitos.

Abstrato: Essa qualidade permite visualizar, imaginar, ter ideias, entender ou acreditar naquilo que você não vê. Quando está usando sua qualidade abstrata, você aciona a intuição, a imaginação – em outras palavras, está olhando além do "que é" para o significado e conexões ocultas.

Todos temos a capacidade de percepção de forma concreta e abstrata até certo ponto, mas a maioria de nós está mais propensa a usar uma coisa mais do que a outra. Um pensador concreto autêntico frequentemente se

---

1. http://gregorc.com/

comunica de maneira bastante direta, literal e pragmática, enquanto que um abstrato autêntico pode usar métodos sutis, como a metáfora, para obter o mesmo significado. Por isso mesmo, as conversas entre esses dois estilos de pensamento podem gerar muitos mal-entendidos.

Em nosso casamento, Jill é a pensadora concreta e eu, o abstrato. A comunicação direta e pragmática de minha esposa costumava parecer um pouco dura para mim. No entanto, uma vez que entendi que isso era o resultado de como o cérebro dela funciona e de como Deus a fez, parei de levar a sua franqueza para o lado pessoal.

Mark frequentemente vê coisas que eu (Jill) não vejo. Por exemplo, uma noite, depois do jantar, Mark mencionou que um de nossos filhos estava muito quieto na mesa de jantar. "Você acha que ele está passando por algum problema?", perguntou meu marido. Minha resposta (fiel ao meu estilo mental e concreto) foi algo como: "Como ele não disse nada, acho que está bem."

A capacidade de organização da sua mente

Sequencial: Sua mente organiza as informações de maneira linear, passo a passo. Quando usa a habilidade sequencial, você segue uma linha lógica de pensamento e também pode ter um plano a seguir, em vez de confiar no impulso.

Aleatório: Organiza informações em blocos, sem seguir nenhuma ordem específica. Quando você usa a habilidade aleatória, pode pular etapas em um procedimento e ainda produzir o resultado desejado. Você pode até começar no meio, ou no final, e trabalhar de trás para frente. Você pode gostar que a vida seja mais impulsiva e não tão planejada.

Todos nós temos capacidade de organização em ambos os modos, mas geralmente tendemos a usar um de maneira mais fácil

Não existem casamentos perfeitos

e confortável do que o outro. Em nosso casamento, eu (Jill) sou sequencial e Mark é aleatório. Isso, certamente, pode gerar atrito na relação. Meu cérebro lógico e sequencial não entende como a mente aleatória de Mark funciona. É claro que o cérebro aleatório dele quer que o meu cérebro sequencial relaxe um pouco, pense fora da caixa e não fique chateado quando as coisas não são feitas em uma determinada ordem.

Simplesmente saber sobre essas características já pode fazer uma grande diferença no casamento. Se não nos damos conta da existência delas, os estilos de pensamento se tornam uma expectativa desconhecida que muitas vezes causa estragos no casamento. Esperamos que nosso cônjuge pense da mesma maneira que nós, e, muito provavelmente, ele não pensa assim! Deus criou cada cérebro para processar a vida e tomar decisões de uma maneira única.

Você pode estar se perguntando como escrevemos um livro juntos sem matar um ao outro?

Isso é novidade para muitos de nós que têm tentado, por muito tempo, mudar nosso cônjuge para que seja mais parecido conosco. Pois hoje é o dia para se familiarizar com suas expectativas desconhecidas e começar a aceitar seu cônjuge, em vez de criticá-lo.

Você pode estar se perguntando como escrevemos um livro juntos sem matar um ao outro? Mark escreveu seus pensamentos, suas histórias e perspectivas de sua forma aleatória em cada tópico do livro. Então, peguei seus pensamentos aleatórios e os coloquei de forma sequencial. Dez anos atrás, quando escrevemos nosso livro *Living With Less So Your Family Has More* (Vivendo com menos para que sua família tenha mais), não sabíamos sobre nossos diferentes estilos mentais. Basta dizer que não trabalhamos tão bem juntos nesse projeto. Compreender o outro e aceitar nossas maneiras diferentes de pensar, fez uma enorme diferença em nossa capacidade de trabalhar juntos, tanto na rotina do dia a dia quanto na tarefa de escrever um livro juntos.

A melhor maneira de lidar com as expectativas desconhecidas, é examinar as suposições que você faz sobre como o seu cônjuge deve pensar, agir ou fazer as coisas. Analise, de maneira profunda e justa, se você tem orgulho em acreditar que o seu caminho é o caminho certo, o único caminho ou o melhor caminho. E, então, destrua esse orgulho de uma vez por todas e aceite a realidade de que seu cônjuge é diferente de você.

EXPECTATIVAS NÃO MENCIONADAS

Em quase trinta anos de ministério, passamos muitas horas sentados em frente a centenas de casais em crise. À medida que os ajudamos a arrumar a bagunça na relação, geralmente eles transmitem sua decepção pelo fato de o casamento não ser o que pensavam ou porque um cônjuge não faz o que o outro quer.

Particularmente, quando eu (Mark) estou conversando com o marido ou quando Jill se reúne com a esposa, eles se manifestam sobre como estão desapontados com o respectivo cônjuge. Muitas vezes, perguntamos: "Você disse a ele que tinha anseio por isso?", ou "Você disse a ela que esperava isso?" A resposta é, muitas vezes, negativa. Às vezes, o que se fala em seguida é: "Eu não acho que deveria ter que dizer isso." Isso transforma expectativas não mencionadas em expectativas irreais, que acabam se tornando expectativas não atendidas. E isso, certamente, leva ao desastre.

Infelizmente, expectativas não mencionadas raramente são verbalizadas de maneira saudável. Elas, em geral, são vomitadas em uma discussão, que, se você ainda não sabe, não é um momento eficaz para se comunicar. A melhor maneira de identificar expectativas não ditas é perguntar a si mesmo estas duas questões:

O que eu anseio do meu cônjuge?

O que espero, mas sinto que não devo contar ao meu cônjuge?

A melhor maneira de desconstruir as expectativas não ditas, é conversando honestamente, fora da discussão. Uma ótima forma de começar essa conversa é dizer: "Estou percebendo que esperava coisas de você que nunca mencionei antes. É injusto da minha parte estar frustrado com você por não satisfazer meus desejos, quando você nem sabe que eles existem! Eu gostaria de compartilhar as coisas que estou percebendo que preciso, para que a gente, então, possa conversar sobre elas." Comunicar suas expectativas não garante que seus desejos serão atendidos, mas é o primeiro passo para acabar com a amargura antes que ela gere mais atrito em seu relacionamento.

EXPECTATIVAS IRREAIS

Ao entrar no casamento, eu (Mark) tinha as seguintes expectativas:

> O sexo seria ótimo.
> Nós teríamos interesses semelhantes.
> Faríamos sexo a qualquer hora e em qualquer lugar.
> Seríamos almas gêmeas.
> Estaríamos sempre apaixonados e expressando amor.
> O sexo seria fabuloso.
> Nunca brigaríamos ou discutiríamos.
> Seríamos os melhores amigos.
> Sexo aconteceria com frequência.
> Viveríamos em uma história de amor.

Como muitos homens, fui apresentado à pornografia em algum lugar perto do ensino médio. As imagens eram tentadoras para os olhos e os textos escritos eram atraentes para o coração e cativantes para a mente. Aquele material pintava uma imagem de que as mulheres querem sexo a qualquer hora, em qualquer lugar. Dizia-se, até, que as mulheres eram verdadeiras aventureiras sexuais. Quando me casei, dez anos depois, havia consumido tantas mensagens falsas sobre sexo que minhas expectativas estavam fora da realidade. A Jill não teve chance. O sexo nunca foi frequente o suficiente, bom o suficiente ou aventureiro o suficiente para mim, por causa de minhas expectativas irrealistas.

Ao entrar no casamento, eu (Jill) tinha essas expectativas:

Meu marido seria um líder forte.
Nós riríamos e nos divertiríamos juntos.
Conversaríamos e tomaríamos decisões juntos.
Meu marido seria romântico, muitas vezes me surpreendendo com sua consideração.
Construiríamos uma família juntos e, igualmente juntos, exerceríamos o papel de pais.
Seríamos melhores amigos.
Cresceríamos juntos em nossa fé.
Nunca brigaríamos ou discutiríamos (porque eu nunca vi meus pais discordarem).
Pensaríamos da mesma forma.
Viveríamos uma história de amor incrível.

Como muitas garotas, eu tinha consumido meu quinhão de livros de romances, filmes de comédia romântica e artigos de revistas que enchiam minha mente com todo tipo de mensagem sobre casamento, romance e paixão. Observe que sexo nem estava na lista. Ah, eu presumi que o sexo simplesmente aconteceria e não seria um problema, mas não chegou à minha lista das dez expectativas. Olhando para ambas as nossas listas de expectativas, é de se admirar que tenhamos terminado no escritório de um conselheiro matrimonial?

Quando eu (Mark) olho para trás, entendo agora que tive pouca influência positiva em minha vida no casamento. Eu nunca tinha testemunhado um bom casamento. Não frequentei igreja enquanto crescia e não tive bons modelos na minha vida. Eu tinha

Não existem casamentos perfeitos

grandes lacunas quando se tratava de relacionamentos. Mais uma vez, eu não sabia que não sabia.

Jill e eu fomos convidados, logo no início do nosso casamento, para participar de um retiro de casais. Inicialmente pensei que era uma ótima ideia. Imediatamente, a realidade bateu, e bateu forte. Lá, Jill começou a chorar e continuou a chorar durante todo o retiro. Eu não tinha ideia do que estava acontecendo, pois não sabia que algo estava errado em nosso casamento. Foi lá que aprendi que nosso casamento não era perfeito, que precisava de trabalho e que estávamos começando uma jornada de descoberta que duraria por toda a vida.

Eu gostaria de poder dizer que me livrei das expectativas irreais naquele fim de semana. Descobrimos alguns pontos problemáticos em nosso relacionamento e começamos a conversar sobre coisas importantes, mas eu ainda acreditava que, no fundo, o casamento não deveria ser tão difícil – e, afinal de contas, talvez não tivéssemos sido feitos um para o outro. Lembra de como o desvanecimento começa? Sim, apenas se afastando por um único centímetro. Minha inclinação a olhar para fora do meu casamento começou anos antes, quando convidei minhas expectativas irrealistas para me acompanhar mais de perto. Eu as entretive dentro no meu coração, nunca revelando o que eu estava pensando, mas acreditando mais e mais nelas todo o tempo. A mentira estava fermentando uma amargura no fundo da minha alma. Este foi o início do meu desvanecimento, que começou com frustração, mudou-se para o desânimo e acabou se expandindo para a desilusão.

As expectativas irrealistas também aparecem quando, de forma fantasiosa, acreditamos que nosso cônjuge verá as coisas da maneira como vemos. Isso acontece comigo (Jill) quando se trata de coisas da casa. Quando coloco alguma coisa nos degraus para ser movida do andar de baixo para o andar de cima, parece que sou a única pessoa que a vê. Mark não se importa com a bagunça na bancada da cozinha

Ame o real, não o sonho

e é capaz de deixar tudo lá por semanas, a menos que eu peça que ele guarde. É como se não enxergasse. A verdade é que ele não vê as coisas como eu, e, desde que eu espere que ele veja, minhas expectativas não são realistas. Minhas prioridades não são as dele. O que é importante para mim não é o que é importante para ele (veja mais sobre isso no próximo capítulo). Se eu precisar de sua ajuda para manter os balcões da cozinha ou os degraus limpos, tenho que pedir, e não esperar que ele (literalmente) veja as coisas do jeito que vejo.

Expectativas irreais são onde o vírus da perfeição aparece em nosso casamento. Lembre-se, esse vírus se manifesta quando temos expectativas irrealistas de nós mesmos e dos outros e quando nos comparamos injustamente com os outros. A maioria de nossas expectativas e comparações surge porque idolatramos outros casamentos (por exemplo, se meus pais nunca tiveram conflitos, nós também não teremos), permitimos que a mídia nos bombardeie com mentiras de padrões impossíveis (por exemplo, relacionamentos deveriam ser tão fáceis quanto a revista os faz parecer) ou inventamos nossos próprios ideais irracionais (estamos tão apaixonados que nunca teremos problemas).

O que fazemos com essas expectativas loucas e irrealistas que estão roubando nossa alegria e causando distanciamento em nosso relacionamento? Começamos por identificar exatamente quais expectativas temos e examiná-las para entender por que elas são irreais. Elas são da nossa família de origem? Vêm de relacionamentos ou casamentos prévios? São geradas por nosso próprio idealismo? A origem é a cultura? Crenças irracionais? Uma vez que identificamos essas expectativas irreais, as substituímos pela realidade. Falaremos mais sobre isso em outro momento.

EXPECTATIVAS NÃO ATENDIDAS

Os nossos anos de aconselhamento a casais feridos e a experiência de lidar com o nosso próprio relacionamento ferido, nos levaram a concluir

Não existem casamentos perfeitos

Quando o que esperamos não corresponde ao que temos, não sabemos como agir.

que a causa número um do divórcio não é dinheiro, sexo, infidelidade ou comunicação. Essas são manifestações secundárias de uma questão mais profunda, apenas sintomas da raiz do problema: expectativas não atendidas. Quando o que esperamos não corresponde ao que temos, não sabemos como agir. Geralmente, respondemos de duas maneiras: (1) com raiva, exigindo que nosso relacionamento se torne o que queremos ou (2) reprimindo nossa frustração, empurrando-a para dentro e dizendo a nós mesmos que "não importa", quando, na realidade, nos importamos, e muito. Nenhuma dessas respostas é saudável ou útil para nosso relacionamento. Então, qual seria?

A maior parte de nossa conversa sobre expectativas se concentrou em quão perigosas elas são. E, de fato, elas são perigosas – especialmente se forem desconhecidas, não ditas ou irrealistas. No entanto, as expectativas também podem ser boas se aprendermos a identificá-las, comunicando-nos a respeito delas e usando-as para fortalecer e melhorar nosso relacionamento. Vejamos como podemos parar o lento desvanecimento das expectativas não atendidas e como usá-las para beneficiar nosso casamento perfeitamente imperfeito.

Aprenda a aceitar em vez de esperar

Isso é particularmente importante quando você está lidando com diferentes maneiras de pensar, processar e tomar decisões. No passado, eu (Mark) estava tão frustrado com Jill e nossas diferenças, que a mantive refém delas. Eu a estava culpando, atacando e condenando por coisas que não estavam erradas, mas apenas diferentes. No meu ser, alimentava uma amargura que estava sufocando minha alma. Eu estava abandonando emocionalmente meu casamento, antes de deixá-lo fisicamente.

Com meu coração totalmente entregue a Deus, agora lido com nossas divergências de maneira muito diferente. Não estou mais lutando contra elas. Na verdade, agora tento encontrar o lado bom de nossas diferenças e as oportunidades que elas trazem. Estou amando o real, não o sonho. Agora, sou capaz de entender que é preciso ter ambas as perspectivas, para ver uma imagem precisa e completa de qualquer oportunidade que esteja diante de nós.

Troque as mentiras das expectativas pela verdade da realidade

Aqui estão algumas declarações da realidade que toda pessoa casada precisa aceitar:

Você, provavelmente, vai "esbarrar" nas diferenças de seu cônjuge durante o seu casamento. Se você abandonar este casamento e entrar em outro, levará cerca de dois anos para começar a se deparar com diferenças no novo relacionamento. É o normal de viver em um relacionamento com outra pessoa. Hoje em dia, eu (Mark) estou mantendo meu idealismo mais equilibrado. Sei que sou um sonhador e sempre serei, mas luto para manter esses sonhos equilibrados com o realismo. Minha experiência me ensinou que a grama do vizinho não é realmente mais verde – há apenas ervas diferentes por lá! Meu foco é permanecer firme com meu Deus e não vacilar de qualquer maneira.

Quando topar com as diferenças do seu cônjuge, você provavelmente terá que lidar com o julgamento em seu próprio coração. Hoje em dia, eu (Jill) estou mantendo minha boca fechada mais do que nunca. Não me entenda mal, não estou empurrando para debaixo do tapete as coisas que precisam ser abordadas. Estou, simplesmente, falando menos, mantendo meus pensamentos e comentários para mim mesma, deixando o Mark ser Mark e a Jill ser Jill. Estou aplicando o ensinamento de Provérbios 21.23 – "Quem é cuidadoso no que fala evita muito sofrimento" – e o de Efésios 4.29: "Nenhuma palavra torpe saia da boca de vocês, mas apenas a que for útil para edificar os outros (...) para que conceda graça aos que a ouvem." Também estou resistindo à tentação de fazer pedidos de mudança. Aprendi que "Vou trabalhar nisso se você concordar em trabalhar em _____" nunca é uma resposta saudável.

Você, provavelmente, não entenderá todas as preocupações do seu cônjuge, mas ainda assim terá que valorizá-las. Você não *decide* o que é importante para o seu cônjuge. Pode, no entanto, *descobrir* o que é importante para ele. Eu (Jill) estou ouvindo mais atentamente, e não de forma superficial como antes. Estou ouvindo as emoções de Mark por trás de suas palavras. Estou fazendo mais perguntas ou incentivando mais conversas, usando frases como "Fale mais" ou "Como posso ajudar?". Essas frases demonstram uma preocupação genuína.

Não fertilizar os pensamentos descobridores de falhas

A maioria de nós precisa fazer tanto um trabalho interno quanto externo em nosso casamento. Avaliar nossos pensamentos é um trabalho interno importante, porque o que alimentarmos crescerá. Nós, de fato, podemos forçar nossa mente na direção correta, se deixarmos os pensamentos negativos morrerem de fome e alimentarmos os positivos. Comece a prestar atenção aos seus pensamentos a respeito de seu cônjuge. Quando um pensamento negativo entra em sua mente, vire-o de cabeça para baixo e transforme-o em positivo. Por exemplo, uma amiga com a qual eu (Jill) conversava, ficou frustrada quando o marido decidiu cortar o cabelo de seus filhos, na manhã em que estavam tentando sair para uma viagem. Eu a desafiei a transformar sua frustração em gratidão, por ter um marido que tomou a iniciativa de cortar o cabelo de seus filhos.

Ame o real, não o sonho

Use as expectativas como uma ponte para conversas saudáveis

Diga ao seu cônjuge que você identificou algumas expectativas que tem e deseja conversar com ele sobre elas. Admita o fato de que elas foram mencionadas antes ou, talvez, sejam até desconhecidas. Diga ele que você quer descobrir se essas são expectativas irrealistas ou desejos reais, que poderiam ser parte do seu relacionamento, se você simplesmente as comunicasse.

Quando você anseia por algo diferente para seu casamento, não há problema em conversar com seu cônjuge sobre seu desejo. Não há problema em pedir mudança, mas não devemos supor que ela vai acontecer. Seu cônjuge pode estar sobrecarregado ou pode não estar se sentindo motivado a trabalhar nesse aspecto de si mesmo no seu tempo. Depois de pedirmos mudança e verbalizar nossos anseios, temos que permitir que o Espírito Santo conduza a situação. Esteja preparado, no entanto, para fazer algumas mudanças pessoais também, pois é provável que você também precise fazer sua parte. Por exemplo, quando pedi a Mark que liderasse mais em nossa casa, a conversa começou com nós falando sobre sua passividade, mas evoluiu para falar sobre minha tendência a desafiar constantemente sua liderança. Eu tinha que reconhecer o fato de que, por mais que desejasse que ele liderasse, eu frequentemente minava sua liderança quando ele liderava. Portanto, ele tinha que admitir sua passividade e eu tinha que admitir minha tendência a controlar.

No passado, eu (Mark) liberava minhas decepções e meus medos em forma de frustração. Eu não sabia como sentir de forma diferente, mas agora estou fazendo um trabalho interno para gerenciar meus pensamentos e outro trabalho externo para obter uma comunicação honesta.

Espere as coisas certas

Algumas expectativas podem ser úteis no casamento. Elas estão presentes em todos os casamentos. Assim que diz "Eu aceito", é bom que você:

Não existem casamentos perfeitos

Espere conflito. Vocês são dois seres humanos diferentes, com diferentes personalidades, temperamentos, opiniões e preferências. Vocês terão conflitos.

Espere decepções. Seu cônjuge cometerá erros. Ele vai decepcionar você. Cônjuges não são perfeitos, e a decepção acontecerá.

Espere ser aborrecido. Quando você vive próximo a outra pessoa, como acontece no casamento, haverá coisas que o aborrecerão. Na verdade, as mesmas coisas que atraíram um ao outro no começo, muitas vezes, serão aquelas coisas que mais o incomodarão mais tarde, porque são as coisas que vocês fazem diferentemente um do outro.

Espere precisar continuar o aprendizado. O casamento requer uma vida inteira de aprendizado. Para ter uma intimidade profunda que seja duradoura, você precisa continuar aprendendo sobre você, seu cônjuge, Deus e casamento.

Espere precisar se comunicar bastante. Seu cônjuge não consegue ler sua mente. Ele já está bastante envolvido em suas próprias questões. Você precisará se esforçar para ouvir bem e se comunicar com clareza.

Espere perder aquela sensação amorosa. Os sentimentos vão diminuir, isso é parte normal de um relacionamento vitalício. Sentimentos de amor e atração vêm e vão. Haverá momentos em que você terá que *escolher* amar, porque o sentimento já não estará lá.

Espere continuar investindo. Você precisará investir em seu relacionamento matrimonial regularmente. Você tem que continuar a namorar, flertar, se comunicar, aprender, rir, passar tempo juntos, ouvir de verdade e se divertir no casamento.

Espere precisar pedir ajuda. É muito possível que haja momentos em que você precise buscar uma nova perspectiva ou ajuda de um conselheiro, de outro casal ou de um terapeuta para passar por um momento difícil. Pedir ajuda é um sinal de força. (Dica: se você está constantemente pensando em ir embora, se desconectar emocionalmente do seu cônjuge ou passar dias sem interagir após um conflito, esses sintomas são sinais de que você está lutando para criar mudanças por conta própria e precisa de um conselho sábio.)

Use as ferramentas certas para o trabalho

Humildade, coragem, graça e aceitação são, provavelmente, as melhores ferramentas para tirar da caixa quando você está fazendo um trabalho de reforma no casamento na área de expectativas.

A **humildade** irá contrabalançar o orgulho que diz que o seu caminho é o caminho certo. A **coragem** é útil quando é extremamente necessário se ter conversas honestas. A **graça** precisa penetrar seu coração, permitindo que seu cônjuge seja imperfeito. Já a **aceitação** lhe permitirá resistir ao impulso de querer mudar seu cônjuge, quando se trata de coisas que são simplesmente diferentes do que você gostaria. Haverá mudanças suficientes que precisarão ser feitas, já que o casamento traz maturidade sem exigir mudanças em questões que, simplesmente, precisamos aceitar.

PENSE A RESPEITO

Onde você tem tido expectativas irreais em seu casamento? De que maneira você precisa ajustar suas expectativas para melhor corresponder à realidade? Você precisa ter uma conversa honesta com seu cônjuge? As expectativas irreais estão começando a causar um desvanecimento lento em seu casamento? Se sim, você pode começar a mudar isso hoje!

Não existem casamentos perfeitos

FALE A RESPEITO

A principal tirada deste capítulo foi _____
_____

Nunca havia pensado muito a respeito, mas acredito que tenha estas expectativas desconhecidas: _____
_____
_____

Depois de ler este capítulo, vejo que tenho estas expectativas não mencionadas: _____
_____
_____

FALE COM DEUS A RESPEITO

Senhor, obrigado por esta oportunidade de aprender. Ajude-me a pegar as palavras destas páginas e aplicá-las de forma prática em minha vida. Revele minhas expectativas desconhecidas. Ajude-me a identificar minhas expectativas não ditas e ter a coragem de falar sobre elas com o meu cônjuge. Ajude-me a parar qualquer desvanecimento no meu coração que tenha a ver com expectativas não atendidas. Senhor, faça com que eu aceite mais do que espero. Em nome de Jesus. Amém.

Verdade do dia: "E não deem lugar ao diabo."
EFÉSIOS 4.27

CAPÍTULO 5

SE IMPORTA PARA *mim*, DEVE IMPORTAR PARA *você* TAMBÉM

O LENTO DESVANECER DA MINIMIZAÇÃO

Agora que estamos perto de morar sozinhos novamente, estamos indo a uma aula de *kickboxing* às 7 horas da manhã, quase todos os dias da semana. Em certa manhã, estávamos na aula de uma nova instrutora, e Mark e eu tivemos que sair quinze minutos mais cedo, para que eu pudesse chegar a tempo a uma reunião. Limpamos o nosso saco de pancada, o guardamos e saímos enquanto a aula continuava. No dia seguinte, um de nossos colegas nos disse: "Depois da aula de ontem, a instrutora perguntou se 'aquele casal que saiu não gostou da aula dela.'" Ele disse que garantiu à professora que nós, provavelmente, tínhamos algum compromisso.

Enquanto Mark e eu processávamos essa conversa, ficamos admirados com o instinto da instrutora de tornar a nossa saída

Não existem casamentos perfeitos

relacionada a ela. Como estávamos escrevendo este livro, estávamos observando tudo através da lente do casamento, e então soltei: "Você pode imaginar estar casado com isso?"

Mark, cuidadosamente, respondeu: "Você pode."

Insegurança. Ela persegue muitos de nós. E é a base para o lento desvanecimento da minimização. Aqui está a nossa história:

Mark: A palavra minimizar significa "tratar algo como se fosse menos importante do que realmente é". Fiz isso durante muitos anos em nosso casamento, quando algo acontecia e eu, simplesmente, deixava aquilo passar. O único problema é que não tinha passado de verdade. Estava presente. Estava se acumulando na minha cabeça e no meu coração, e, assim, passei de minimizar para abrigar e, eventualmente, para amargurar-me com aquilo.

> *Quando permitimos que outra pessoa seja diferente de nós, damos a ela o espaço para ser ela mesma.*

Jill: Eu não tinha ideia do esgoto de emoções que se agitava dentro de Mark. Ocasionalmente, ele expressava frustração em relação a algo e era aí que a minha minimização entrava em cena. Eu minimizava sua frustração. Não me aprofundava nem fazia perguntas, apenas dava a ele uma resposta lógica que fazia sentido para mim – como pensadora que sou –, sem me importar com as emoções dele, sendo Mark sentimental.

Mark: Deixar algo "para lá" também pode ser saudável. Quando permitimos que outra pessoa seja diferente de nós, damos a ela o espaço para ser ela mesma. Quando decidimos não abordar cada coisinha que nosso cônjuge faz de errado, estamos lhe dando graça para que ele possa ser imperfeito. Todo relacionamento precisa de espaço e graça; se não os tem, os conflitos se tornam constantes.

O que acontece com a minimização é que algo que precisa ser conversado é enterrado. Dizemos a nós mesmos coisas como:

Se importa para mim, deve importar para você também

"Não importa", ou "Isso nunca vai mudar", ou, ainda, "Não vale a pena o conflito". Quando fazemos isso, perdemos a oportunidade de descobrir algo juntos, fortalecer nosso relacionamento e aprofundar nossa intimidade.

Jill: Minimizar mantém questões importantes enterradas sob a superfície, sem solução, sem tratamento, fervendo na escuridão do nosso coração. Quando mantemos alguma coisa no escuro, ela se torna o playground do inimigo. Na verdade, é assim que o casamento se desvanece. Começamos com sentimentos reais e respostas reais no cotidiano. Em vez de tratar esses sentimentos de uma maneira saudável, capaz de nos aproximar um do outro, muitas vezes escolhemos esconder os sentimentos, construindo muros em nosso coração que nem percebemos que existem.

Mark: Há uma batalha espiritual acontecendo em todos os casamentos. A Bíblia nos diz que o objetivo de Satanás é roubar e destruir (João 10.10). Seu cônjuge não é seu inimigo, mas o diabo fará o melhor para convencê-lo de que é. A Bíblia chama Satanás de "pai da mentira" porque é assim que ele convence. O inimigo trabalha nos lugares escuros do nosso coração, sussurrando mentiras sobre nós e nosso cônjuge, conquistando território e criando distância em nosso casamento, sem nos darmos conta disso.

QUE TIPO DE MINIMIZADOR É VOCÊ?

Existem dois tipos de minimizadores encontrados na maioria dos casamentos: o interno e o externo. Os minimizadores internos são aqueles que minimizam seus próprios sentimentos e suas próprias preocupações. Minimizadores externos são aqueles que minimizam os sentimentos e as preocupações de seu cônjuge. Ambos têm capacidade de gerar afastamento no casamento por meio da minimização.

Em nosso casamento, eu (Mark) tenho tendência a ser o minimizador interno. Não tenho dúvidas de que essa tendência a minimizar as coisas dentro de mim veio, principalmente, da minha família de origem. Crescendo em um lar desfeito e com um padrasto abusivo, meus sentimentos foram minimizados e raramente eram levados em conta. Eu fazia o que podia para manter a paz, então aprendi cedo a dizer a mim mesmo mensagens minimizadoras, do tipo: "Não é nada demais", ou "Só deixa pra lá", ou, ainda, "Isso não importa". Aprendi a ser alguém que tenta agradar a todos logo cedo.

O temperamento também pode contribuir com a minimização. Eu, naturalmente, tenho um coração de servo. Sempre tive. Há o lado positivo de querer servir e agradar às pessoas, e isso se manifesta na forma de cuidado e compaixão. Eu me importo muito com a dor do outro e sou sensível às necessidades das pessoas. No entanto, quando aquilo que os outros pensam de mim começa a me consumir por dentro, é porque meu anseio de agradá-los se tornou algo que não é saudável. As minhas inseguranças fazem com que eu minimize meus sentimentos, meus pensamentos e minhas preocupações.

Se eu não fizer nada sobre minha minimização, vou guardando e juntando no meu coração todo o sentimento de "injustiça" e mágoa que me ferem profundamente. Alimentado pela insegurança, eu abrigo a minha dor. O que não percebo é que sou o culpado da Jill não se dar conta disso, porque não tem como ela saber sobre meus sentimentos, pensamentos ou minhas preocupações se eu não lhes dou o valor devido e nunca os expresso. Negligenciada, a minimização muito facilmente transforma a dor abrigada no coração em amargura. A essa altura, já afastei muito o meu coração do dela. Dentro da minha cabeça, eu já nos separei.

Eu (Jill) penso que, quando adquirimos o hábito de guardar nossos sentimentos e ficar contra nosso parceiro, em vez de dizer o que sentimos, entramos em um território perigoso. Se você tende a ser um minimizador interno como Mark, precisa começar a usar sua ferramenta de Deus da coragem. Você precisa de coragem para expor

Se importa para mim, deve importar para você também

seus pensamentos e, de preferência, em momentos fora de conflito. Você precisa dar mais importância aos seus pensamentos e às suas preocupações, colocando-os no mesmo patamar dos pensamentos e das preocupações que o seu cônjuge comunica.

Muitas vezes os minimizadores internos somente se expõem em momentos de crise. Por exemplo, eu (Mark) só falei abertamente sobre o que sentia quando já estava farto e acabei reagindo com raiva. Infelizmente, este é o momento menos provável em que seu cônjuge lhe dará ouvidos. As emoções estão alteradas e a comunicação, comprometida no momento do conflito. Então, quando tudo estiver bem, mas você precisa levantar uma questão – esta é hora de falar, por mais difícil que pareça.

Sim, você terá que enfrentar seu medo de iniciar uma discussão. Você pode até gerar mais conflitos ao expor seus pensamentos e suas preocupações, uma vez que os padrões estabelecidos em seu casamento estarão sendo alterados. Pode até ser bom ter uma conversa do tipo "Isto é o que estou aprendendo sobre mim mesmo" com seu cônjuge, para que ele saiba que você reconhece que tem a tendência a ser um minimizador interno e está percebendo que isso não é saudável para você ou para o seu casamento. Você estará se esforçando para expor seus pensamentos e sentimentos, tanto dentro quanto fora de conflito.

Outra maneira de conversar é perguntar o que o outro está pensando. Em certa manhã, Jill aparentava estar frustrada e irritada. Ela estava falando comigo com um tom um pouco agressivo. Em vez de alimentar meus pensamentos negativos sobre nossa interação, decidi perguntar a ela: "Você está bem? Você parece frustrada e irritada." Ela respondeu, então, que estava sob grande tensão no ministério que lidera e se desculpou por sua irritabilidade.

Em nosso casamento, eu (Jill) tenho tendência a ser o minimizador externo. Grande parte da minha mania de minimização, vem da minha tendência a desconsiderar sentimentos em geral.

Não existem casamentos perfeitos

Da mesma forma do Mark, isso vem também de uma mistura da minha família de origem, com meu temperamento e minha personalidade. Enquanto eu crescia, percebi que minha família não lidava muito bem com sentimentos. Quando as dificuldades surgiam, nós demonstrávamos força e simplesmente dizíamos "bola pra frente". Essa experiência, honestamente, era vantajosa para lidar com situações difíceis no ministério e no trabalho, mas veio a causar problemas na minha vida de esposa e mãe. Minha tendência a minimizar meus próprios sentimentos (sim, eu faço minha própria minimização interna quando se trata de meus sentimentos) estava, involuntariamente, levando-me a minimizar os sentimentos dos outros também.

Por causa disso, uma área que pedi a Deus que trabalhasse em mim foi entender e abraçar meus próprios sentimentos. Em vez de entrar no modo "bola pra frente", estou entrando em contato com o que estou sentindo, falando com Deus sobre esses sentimentos e permitindo que Jesus – que experimentou todos os sentimentos que sentimos – ministre em meu coração, antes que eu entre no modo de "buscar uma solução".

Quando a depressão e a ansiedade de Mark ameaçam colocar uma nuvem em seu céu azul, muitas vezes quero lhe dizer que não está realmente nublado e ele só precisa empurrar as nuvens para o lado, a fim de ver a luz do sol que está por trás. É uma resposta perfeitamente lógica de alguém que nunca teve depressão ou ansiedade, mas não é a solução de que ele precisa. Ele precisa de validação. É aqui que eu também preciso de coragem, mas de um ângulo ligeiramente diferente.

A validação confirma que outras pessoas podem ter sua própria experiência emocional e que esta, provavelmente, será diferente da sua. Isso é extremamente necessário no casamento porque somos conectados de maneira única como indivíduos. Temos que ter a coragem de deixar nosso cônjuge viver por meio de sua própria experiência emocional, mesmo que não o entendamos. Não é, necessariamente, concordar com os sentimentos dele, é, simplesmente, reconhecer a realidade de como ele se sente. A parte bonita da validação é que ela pode realmente nos aproximar. Quando permitimos que o outro da relação compartilhe seus sentimentos e liberte as emoções, podemos conhecer melhor o coração de nosso cônjuge.

CORAGEM, COMPAIXÃO E VALIDAÇÃO

A minimização pode ocorrer quando entramos em território emocional desconhecido e nossa natureza humana quer desistir, em vez de continuar. É aqui que precisamos de **coragem** para fazer o oposto do que sentimos vontade e **compaixão** para responder com declarações de validação que são gentis e empáticas, como:

- "Parece-me que você se sentiu desrespeitado nesta situação."
- "Parece que você foi pego de surpresa."
- "Deve ser muito difícil estar nesta situação."
- "Eu não consigo nem imaginar o que você está sentindo."
- "Estou sentindo que isso trouxe à tona sentimentos de traição."
- "Diga-me se estou certo. O que entendi foi que você achou que o que eu disse o magoou, e não é a primeira vez que você se sentiu assim."
- "Deixe-me ter certeza de que estou entendendo. Você sente que não é importante, que seus sentimentos não importam e está ressentido. Estou certo?"

A chave para a validação é usar palavras ou frases que exploram a realidade do que o outro está passando. Depois de fazer uma declaração de validação, é importante parar e ouvir o que a pessoa diz em seguida — e, então, tentar ajudar a justificar esses sentimentos. Continue esse processo de vai e vem até que a pessoa se sinta compreendida.

Ironicamente, dizer a alguém "Eu entendo" geralmente não ajuda e, na verdade, tende a minimizar seus sentimentos. Em vez disso, o presente mais bonito que você pode dar ao seu cônjuge, é fazê-lo se *sentir* compreendido, confirmando e validando suas emoções sem, efetivamente, dizer essas palavras.

O presente mais bonito que você pode dar ao seu cônjuge, é fazê-lo se sentir compreendido, sem efetivamente, dizer "Eu entendo".

Você é um "reparador" como eu? Você acha que validar é apenas atrasar a inevitável necessidade de reparar o problema? Veja o que aprendi: validar faz parte da compaixão e ajuda meu marido a ganhar a força emocional e espiritual de que precisa, para lidar com o desafio que está diante dele. Isso reforça em sua mente que ele não está sozinho, traz uma sensação de calma e paz e, caso necessário, o prepara para receber ajuda. Em outras palavras, a validação o ajuda a transformar sentimento em reparo. Chegamos ao mesmo destino, mas tomamos um caminho diferente para nos levar até lá. Pode não parecer o caminho adequado, mas posso garantir que é o mais eficiente para alguém sentimental. Para aqueles de nós que são reparadores natos, é importante saber e entender isso!

A compaixão nutre a segurança emocional, e quando as pessoas se sentem emocionalmente seguras, elas compartilham mais. Quando elas compartilham mais, aprendemos mais, nos conectamos melhor e podemos aprofundar a intimidade. Isso ajuda a dar suporte de maneira não ameaçadora, o que, provavelmente, permitirá chegar à raiz do problema.

DIMINUA O RITMO; DÊ ESPAÇO AO AMOR

Você acabou de ler na seção anterior sobre validação e pensou consigo mesmo: *Você deve estar brincando! Eu não tenho tempo para isso!* Muitos de nós, especialmente pessoas do tipo A, são motivadas e de

Se importa para mim, deve importar para você também

alta capacidade. A verdade é que os relacionamentos requerem tempo. A fim de sintonizar-se, conectar-se e realmente ter intimidade com outra pessoa, precisamos desacelerar o suficiente para ter conversas mais profundas. O casamento exige que diminuamos o ritmo, mais do que muitos de nós percebemos.

Quando me dou conta de que estou minimizando, vejo que isso quase sempre acontece quando estou com muitos compromissos no calendário e pouco tempo disponível. Estou fazendo várias coisas ao mesmo tempo, exatamente como uma pessoa de alta capacidade sabe fazer, e sinto que não consigo dedicar o tempo devido a todas as atividades. Relacionamentos que realmente importam não podem ser abandonados, mas devem ser acompanhados de perto. Isso nos obriga a desacelerar nosso ritmo e oferecer aos relacionamentos o espaço que eles precisam e merecem.

A verdade é que, para muitos de nós que gostamos de correr em um ritmo mais acelerado, estamos *mais confortáveis fazendo do que sendo*. Podemos dizer a nós mesmos que os sentimentos apenas complicam as coisas e são inúteis para realizar qualquer coisa que valha a pena. Essa "mentira do fazer", baseada em nossa própria versão de insegurança, nos mantém dando braçadas cansativas em águas agitadas. Tal pensamento nos mantém focados em projetos, em vez de em pessoas. A "mentira do fazer" nos mantém lutando, em vez de prosperando.

> *Os relacionamentos drive-through são tão prejudiciais quanto os alimentos de drive-through.*

Quando a vida está se movendo mais rápido do que é saudável para nossos relacionamentos, é fácil minimizar de forma interna e externa. Minimizamos internamente quando dizemos a nós mesmos: "Eu não tenho tempo ou energia para lidar com isso", ou "Ela não tem tempo para mim", ou "Ele não se importa". Esse tipo de pensamento aumenta a distância entre nós

Não existem casamentos perfeitos

e nosso cônjuge. É um pensamento que destrói a intimidade e nos separa quando precisamos nos aproximar. Os relacionamentos *drive-through* são tão prejudiciais quanto os alimentos de *drive-through*.

Então, como você diminui o barulho do mundo e foca no seu casamento? Aqui estão seis maneiras práticas de dedicar mais tempo e diminuir a minimização:

Jantem juntos na mesa. Torne a preparação do jantar uma atividade em casal. Depois, demore um pouco na mesa e converse (se não tiver crianças precisando de vocês!). Faça com que o momento da refeição seja sobre o relacionamento de vocês.

Desconecte-se dos aparelhos eletrônicos. Determine onde e quando os aparelhos são permitidos e em que ocasiões eles precisam ser guardados ou desligados. Hora de comer, conversas, férias e encontros – esses são alguns dos lugares e situações quando os nossos aparelhos precisam ser guardados. Isso demanda autocontrole? Provavelmente, sim. Isso vai fazer com que seus entes queridos se sintam valorizados? Com certeza. Isso também aumentará sua paciência e diminuirá a tentação de minimizar.

Pare. Veja. Ouça. Usamos essas três palavras para ensinar nossos filhos a atravessarem a rua. Também precisamos usá-las para nos ensinar a como atravessar para o mundo de nosso cônjuge. Quando seu ente querido entrar em seu espaço, *pare* o que você está fazendo. Desligue o computador, pause (ou desligue) a televisão ou o videogame. Afaste-se do que está fazendo para cumprimentá-lo calorosamente. *Olhe* para ele ou ela com total atenção, mantendo contato visual. E, então, *ouça* com seus olhos e seus ouvidos. Ouça para aprender. Para ouvir sua pergunta. Para entender seus sentimentos.

Falem com Deus juntos. Isso pode parecer estranho no começo, se vocês não estiverem acostumados a orar juntos, mas a oração sempre diminui nosso ritmo e nos dá a oportunidade de ouvir o que está pesando na mente de nosso parceiro. Agora que

Se importa para mim, deve importar para você também

nossos filhos praticamente já saíram de casa, Jill e eu frequentemente oramos no carro quando estamos dirigindo. Quando as crianças eram menores, tentávamos orar à noite enquanto íamos para a cama, no entanto, muitas vezes acontecia de um de nós, ou ambos, dormir antes de terminar. Alguns casais gostam de orar juntos depois de fazer amor, agradecendo a Deus pelo seu casamento, pelo seu amor e pelo que está em seu coração e em sua mente. Se seu cônjuge se recusa a orar em conjunto, você ainda pode estender a mão e orar silenciosamente por ambos.

Conecte-se e se atualize. Se você tem filhos, reserve um tempo para conversar depois que as crianças estiverem na cama. Seus filhos já não moram mais com vocês? Vocês ainda têm de reservar um tempo para se conectar. No verão, aproveitem a varanda juntos. No inverno, resista à vontade de ligar a televisão ou ir para a frente do computador, até que você tenha passado algum tempo se conectando e se atualizando. Dedique alguns minutos para fazer perguntas como: "Qual foi a melhor parte do seu dia?", ou "Qual foi a parte mais difícil do seu dia?" Pergunte, também, o que está incomodando ou preocupando seu cônjuge e como você pode ajudá-lo. Por último, pergunte pelo que você pode orar por ele. Essas perguntas de conexão nos ajudam a maximizar o interesse.

Namore seu companheiro. Namorar seu cônjuge significa trazer sua melhor versão totalmente presente por um período de tempo específico, assim como você fez quando estava solteiro e tentando impressionar a pessoa por quem estava interessado. A vida está corrida, então você tem que reservar espaço em seus dias, em suas semanas e em seus meses para nutrir seu casamento. Crie um cronograma em que ambos priorizem o tempo juntos. Às vezes, isso pode ser tão simples como separar os primeiros trinta minutos depois que as crianças estão na cama. O ideal seria uma vez por semana, uma vez a cada duas semanas ou, no mínimo, uma vez por mês em que

Não existem casamentos perfeitos

você consiga uma cuidadora, uma vovó ou uma família amiga para cuidar de seus filhos, enquanto aproveitam algum tempo sozinhos, sem interrupções. Mesmo se estiver sem filhos morando com vocês, os encontros são importantes porque estarão se afastando da rotina diária e se concentrando um no outro. Diminuir o ritmo e separar tempo para se relacionar, é essencial para manter a intimidade.

Jill: Como você pode ver, a principal ferramenta para consertar a minimização é a **coragem**. Coragem para ser honesto. Coragem para ir mais fundo. Coragem para fazer perguntas – e para ouvir respostas reais a essas perguntas. Junto com coragem, você precisa de **compaixão** e **amor**, também.

Mark: Hoje em dia, estou colocando meus pensamentos e sentimentos na mesa, antes que eles encontrem morada em meu coração. Quando sinto que o tom de voz de Jill é depreciativo ou de desdém, estou resistindo à necessidade de minimizar internamente e, em vez disso, abordo isso imediatamente. Quando não sinto que ela está me ouvindo, estou pedindo toda a atenção dela. Se eu me sentir desrespeitado, vou comunicar que me sinto assim, em vez de guardar isso em meu coração e alimentar a amargura.

Ela também está tornando isso seguro para mim. Jill diminuiu sua postura defensiva de modo que, quando exponho algo, ela está recebendo meu *feedback* e pedindo desculpas quando necessário. Não estamos fazendo isso perfeitamente, mas é uma grande melhoria em relação ao nosso histórico de minimização.

Jill: Hoje em dia, estou sintonizada com minhas próprias emoções. Também estou trabalhando para expor meus pensamentos e sentimentos. Aprendi que, quando eu os coloco na mesa, eles não pesam mais em mim. Quando me sinto amada por causa de algo que Mark disse ou fez, estou expondo isso a ele. Muitas vezes, essas coisas não são intencionais, mas ainda são reais.

Se importa para mim, deve importar para você também

Quando Mark expressa frustração, estou trabalhando para não minimizar sua perspectiva, mas sim para reconhecê-la e dar valor a ela com respostas válidas. Estou fazendo mais perguntas e procurando entender, em vez de discordar.

Mark: Ao contrário da crença popular, não podemos nos acomodar no casamento. Temos que continuar aprendendo, crescendo e mudando. Temos que permitir que Deus nos molde e nos mude, para sermos mais parecidos com Jesus todos os dias.

Jill: Se você está lendo isso e se vê em nossas descrições de minimizar as preocupações expressas de seu cônjuge, você precisa de coragem para ir mais fundo. Resista ao impulso de descartar as preocupações que ele expressa ou de tentar mostrar que não são tão terríveis assim. Importe-se com os sentimentos dele, mostre compaixão e faça perguntas procurando entender. Você não precisa concordar. Há muito tempo para discordar ou compartilhar suas opiniões. Por enquanto, apenas demonstre que o outro foi ouvido e que suas preocupações são importantes.

Mark: Se o seu cônjuge realmente tem dificuldade em ouvi-lo ou você sente que ele está minimizando as suas preocupações, precisa ter a coragem de pedir ajuda. Achamos que o aconselhamento matrimonial é útil nesses momentos. Se o seu cônjuge não estiver disposto a ir, então vá sozinho. Você ainda se beneficiará de ter alguém que o ajude a entender o que você traz para o casamento, e isso pode realmente abrir a porta para o seu cônjuge se juntar a você em algum momento. O aconselhamento individual pode ajudá-lo a trabalhar em sua capacidade de se conectar, comunicar e responder ao seu cônjuge. Isso pode fazê-lo ver seu compromisso de mudar e abrirá a porta para vocês dois participarem do processo.

Jill: Preste atenção no quanto a minimização está acontecendo em seu casamento. Faça a sua parte e tome medidas para parar esse desvanecimento lento, antes que ele conquiste mais território no casamento.

PENSE A RESPEITO

Você está minimizando as preocupações do seu cônjuge? Você está minimizando suas próprias preocupações? Você está transformando a minimização em dor ou, mesmo, amargura? Em que área você precisa ter coragem no seu casamento?

FALE A RESPEITO

A principal tirada deste capítulo foi _____
_____

Nunca havia pensado muito a respeito, mas acredito que tenho a tendência a minimizar _____
_____
_____

Depois de ler este capítulo, vejo que tenho que usar as minhas ferramentas de Deus de _____
_____
_____

FALE COM DEUS A RESPEITO

Senhor, obrigado por me ajudar a ver coisas que nunca vi antes. Ajude-me a parar de minimizar. Revele qualquer minimização interna que estou fazendo e ajude-me a entender onde aprendi a minimizar minhas preocupações e meus sentimentos. Ajude-me a ter a coragem de ter as conversas que prefiro evitar. Mostre-me as maneiras com que tenho minimizado os sentimentos de _____.

Se importa para mim, deve importar para você também

Dê-me coragem para fazer perguntas, validar e entrar em seu mundo. E, Senhor, precisamos desacelerar e ter tempo um para o outro. Mostre-me maneiras práticas de como fazer isso acontecer. Em nome de Jesus. Amém.

Verdade do dia: Livrem-se de toda amargura, indignação e ira, gritaria e calúnia, bem como de toda maldade. Sejam bondosos e compassivos uns para com os outros, perdoando-se mutuamente, assim como Deus perdoou vocês em Cristo.

EFÉSIOS 4.31-32

CAPÍTULO 6

QUANDO DISSE *"aceito"*, EU NÃO QUIS DIZER *isso!*

O LENTO DESVANECER DA NÃO ACEITAÇÃO

"Vovó, olha esse bicho!"; "Vovô, olha para essas nuvens... elas se parecem com um cachorro!"; "Vovó, me empurra mais forte – eu quero sentir o frio na barriga!"; "Vovô, olhe para essas formigas – elas são tão pequenas!"

Essas são todas as declarações que foram pronunciadas em nossa casa recentemente, enquanto interagimos com nossos netos. À medida que eles aprendem sobre o mundo, há um certo sentimento de descoberta nas crianças!

O casamento requer o mesmo senso de descoberta. Está dentro de cada um de nós, mas enterrado sob as responsabilidades e tensões da vida cotidiana. Muitas vezes nos esquecemos da descoberta e declaramos: "Somos incompatíveis!" A verdade é que somos todos maravilhosamente incompatíveis, e o casamento, simplesmente, traz uma lente de aumento para essas diferenças. Se não aprendermos a nos aceitar, a distância aumenta em nosso relacionamento. Se não for abordado, esse desvanecimento pode acabar em rejeição, o que separa nosso coração por quilômetros.

Em vez de ficarmos frustrados com as personalidades e os temperamentos de cada um, precisamos aprender a nos fascinar pelas diferenças! Essa mudança da frustração para o fascínio só pode acontecer quando recuperamos nosso senso de descoberta. Aqui está a nossa história:

Jill: Para a maioria de nós, as diferenças de nosso companheiro foram o que nos atraíram em primeiro lugar. Só quando dizemos "sim" e começamos a viver todos os dias juntos, é que essas mesmas diferenças começam a irritar nossos nervos.

> *Muitas vezes eu sentia como se sua força fizesse com que agisse como se fosse minha mãe.*

Mark: Fui atraído pela força de Jill quando nos conhecemos. Ela sabia o que queria e ia atrás disso. Ela era segura de si. E o mais importante, ela era cristã. Depois de receber a Cristo, eu sabia que queria casar com uma mulher cristã. Jill era forte em sua fé.

Depois que nos casamos, no entanto, comecei a não gostar de sua força. Quando acreditava em algo, ela acreditava fortemente. Ela via preto no branco, e eu via um pouco mais de cinza. Ela era organizada, experiente e uma líder forte. Mas, muitas vezes, eu sentia como se sua força fizesse ela agir como se fosse minha mãe. Às vezes era *o que* ela dizia e às vezes era *como* ela dizia algo.

Jill: Mark era carinhoso, tranquilo e compassivo. Ele era engraçado, simpático e a vida parecia ser uma festa para ele. Depois que nos casamos, seu "eu" extrovertido entrou em choque com o meu

Quando disse "aceito", eu não quis dizer isso!

"eu" introvertido. Seu espírito descontraído deu espaço para muito mais "cinza" do que eu me sentia confortável.

Mark é sentimental. Eu adorava isso quando significava que ele era afetuoso, compassivo e romântico. Eu não gostava, no entanto, quando ele tomava suas decisões baseadas em sentimentos em vez da lógica, que é como tomo as minhas decisões. Ele também gosta de tocar o tempo todo. Eu, por outro lado, gosto muito do meu espaço pessoal.

Mark: Eu não estava ciente disso na época, mas, em retrospecto, parti de não aceitar nossas diferenças para querer que a Jill mudasse. Nossas divergências foram muitas vezes alimentadas pela minha tentativa de forçá-la a mudar. Quando isso não funcionou, fui para a rejeição.

Sou grato a Deus por me redimir da fragmentação que gerei em nossa família, mas agora sei que a minha ideia de que éramos simplesmente "muito incompatíveis", era uma mentira do inimigo na qual acreditei – e fui totalmente enganado.

Jill: Na verdade, foram nossas diferenças que fizeram com que Mark se desligasse em nossa viagem à Flórida. Nós estávamos sentados na praia, lendo. Mark continuava querendo segurar minha mão. A constante necessidade de estar me tocando, estava me deixando louca e eu disse, em tom de frustração: "Não vou a lugar nenhum. Eu estou bem aqui ao seu lado. Não temos que estar nos tocando o tempo todo."

Mark: No minuto em que ela disse isso, decidi que estava cansado das nossas diferenças. Passei de tentar mudá-la para rejeitá-la. Nunca me passou pela cabeça que pudesse haver um meio-termo entre respeitar sua necessidade de espaço e de ter minha necessidade de tocar atendida.

Não só isso, mas eu tomava a necessidade de Jill por espaço como uma rejeição pessoal. Eu tornava essa atitude como algo sobre mim, e não sobre ela. Em vez de conviver bem com essa diferença,

Não existem casamentos perfeitos

hoje percebo que foi o prego que selou o caixão do nosso casamento.

Jill: Uma das ferramentas que impedem o progresso desse desvanecimento, é a ferramenta de Deus da **aceitação**. Atualmente, estou valorizando a necessidade de toque do Mark mais do que no passado. Estou aprendendo que preciso disso também – só não tanto quanto ele. No entanto, às vezes, sacrifico minha necessidade de espaço para satisfazer a sua necessidade de contato.

Também estou aprendendo a como aproveitar minha força para o bem no meu casamento. A respeito disso, a leitura de um livro de Karen Haught, *The God-Empowered Wife* (A esposa capacitada por Deus), foi absolutamente transformadora para mim. Estou guardando minhas palavras para quando elas importarem mais e, ao mesmo tempo, resistindo a comentar sobre coisas que não são importantes. Também estou tendo cuidado com o tom que uso quando falo com Mark. Karen aborda isso em seu livro, quando diz:

> Nós emasculamos nossos maridos quando agimos como mães deles e depois reclamamos que não tomam uma atitude quando necessário. Quando isso não funciona, usamos tentativas indiscretas de controlá-los e mudá-los – empurrando-os e estimulando-os a fazer o que achamos que deveriam, ou definindo um "bom exemplo" e esperando que eles entendam a dica. Eventualmente, acabamos na frente, esticadas, tentando puxar nossos maridos para a frente e nos perguntando por que eles não estão cooperando... Nós nos tornamos o cônjuge dominante, mesmo que essa não tenha sido nossa intenção.[1]

Mark: Uma noite, depois de eu ter saído, Jill estava lendo

---

1. K. B. Haught, *The God Empowered Wife: How Strong Women Can Help Their Husbands Become Godly Leaders* (A esposa capacitada por Deus: como mulheres fortes podem ajudar seus maridos a se tornarem líderes divinos) (Intendion, 2008), 66p.

Quando disse "aceito", eu não quis dizer isso!

o livro de Karen Haught. Quando ela leu o trecho acima, estava decidida. Ela me ligou quase às duas da manhã, em lágrimas, para me dizer que sentia muito por me fazer sentir desse jeito. Esse telefonema foi muito poderoso. Isso me atentou para a possibilidade de acreditar em nós novamente.

Hoje em dia, nas raras ocasiões em que Jill volta a agir como minha mãe, eu me manifesto. Eu a aceito por quem ela é e como foi criada. Estou valorizando sua necessidade de espaço, e não levando essa característica dela para o lado pessoal. Estou reconhecendo que é assim que ela foi feita e que sua necessidade de espaço, afinal de contas, é sobre ela, e não sobre mim. Também sou grato por ela estar entrando no meu mundo e me dando o presente do toque com mais frequência.

Jill: Aceitar um ao outro começa por apreciar que o modo como os outros fazem as coisas não é errado – apenas diferente. Vamos nos aprofundar um pouco.

POR QUE VOCÊ NÃO PODE SER NORMAL COMO EU?

Quando falamos sobre diferenças no casamento, muitas vezes nos referimos a diferenças de gênero. Um dos primeiros livros sobre diferenças que Mark e eu lemos foi *Ela precisa, ele deseja*, de Willard Harley. Harley identificou dez necessidades de um casamento, mas descobriu que quando tais necessidades eram colocadas em ordem de importância, homens e mulheres diferiam. De acordo com Harley, o homem precisa de satisfação sexual, companhia recreativa, um cônjuge atraente, apoio em casa e admiração. Ela precisa de afeição, conversa, honestidade e receptividade, apoio financeiro e compromisso familiar.

Quando Jill e eu lemos o livro, nós nos identificamos com muitas dessas necessidades, mas elas não se encaixavam tão bem nas categorias masculino/feminino como Harley as inseriu. Priorizei algumas das necessidades da lista da mulher e Jill priorizou algumas prioridades da lista masculina. Elas eram diferenças valiosas para entender, mas não foram suficientes para identificar a raiz da nossa luta.

Então lemos *As cinco linguagens do amor*, de Gary Chapman. Esse maravilhoso recurso nos ajudou a entender melhor como cada um de nós falava sobre amor um com o outro, mas não na linguagem certa! Eu (Mark) tenho as linguagens do amor das palavras de afirmação e do toque físico, enquanto as linguagens do amor da Jill são tempo de qualidade e atos de serviço. (Se o leitor entende inglês, pode descobrir sua linguagem do amor, fazendo a avaliação online gratuita em www.5lovelanguages.com). Uma vez que Jill e eu começamos a falar a linguagem correta um para o outro, isso trouxe mudanças positivas em nosso relacionamento!

Mesmo com essa informação, continuamos a nos deparar com muitas diferenças. Foi quando começamos a identificar algumas coisas em que somos diferentes, mas que ninguém parece falar sobre isso. Estávamos tropeçando nessas diferenças de personalidade/temperamento diariamente, porque elas são muito fundamentais para a maneira como operamos. Na verdade, você poderia dizer que esses traços são nosso próprio "sistema operacional" interno. Eles são atraentes quando estamos namorando, mas totalmente frustrantes quando lidamos com eles dia após dia. Quanto mais falamos sobre eles com amigos, familiares e em nossas palestras e livros, mais descobrimos que não estamos sozinhos nessas frustrações.

O que eles são? Descobrimos que a maioria dos casais topa com seis diferenças no "sistema operacional". Criamos um pequeno teste que você pode fazer no final do livro e que o ajudará a determinar seu próprio "sistema operacional". Se o seu cônjuge estiver disposto a fazer o teste, você pode preencher os dois traços de personalidade na página 221. O restante deste capítulo explicará essas características e ajudará você a saber o que fazer, quando seus "sistemas operacionais"

Quando disse "aceito", eu não quis dizer isso!

entrarem em conflito!

Processador interno/Processador externo

Um processador interno toma decisões e organiza fatos e sentimentos em sua mente. Já um processador externo toma decisões e ordena fatos e sentimentos em conversas. Ambos são formas normais e corretas de processar a vida – são, somente, diferentes!

Jill é definitivamente uma processadora interna. Nós brincamos que ela vai pensar e pensar em algo por dias ou mesmo semanas e depois me avisar o que "*nós*" decidimos. Embora isso não seja totalmente verdade, às vezes parece que sim! Processadores internos precisam de tempo de raciocínio. Sem perceber, eles podem gravitar em direção ao isolamento. Pessoas assim geralmente se sentem confortáveis com a tranquilidade e podem ser as que nunca ligam o rádio do carro ou a TV da casa.

Mark é definitivamente um processador externo. Antes de entendermos isso, eu (Jill) senti que ele era insosso em sua tomada de decisão. Por exemplo, se estivéssemos planejando comprar um carro, Mark poderia dizer: "Acho que devemos ficar com um Ford. Eu tenho lido sobre o Ford EcoSport..." Já no dia seguinte, ele pode continuar com: "Estou pensando que talvez um Honda Civic seja uma boa ideia." Na manhã seguinte, ele vem com a intenção de comprar outro modelo completamente diferente. A essa altura, meu eu interior está pensando: "Meu Deus, você não está focado! Tome uma decisão logo!"

Processadores internos pensam bastante em uma mesma questão e geralmente não comunicam algo em voz alta, até que terminem suas pesquisas e comparações internamente. Por sua vez, os processadores externos fazem todas as comparações e contrastes em voz alta, antes de tomarem sua decisão.

Processadores externos frequentemente se comportam como comentaristas esportivos da vida.

Depois que entendi isso, percebi que Mark não estava nem um pouco ansioso. Ele estava, simplesmente, processando a decisão da maneira

Não existem casamentos perfeitos

como Deus o criou para processar: externamente!

Outra forma como isso pode causar conflitos no casamento é que os processadores externos frequentemente se comportam como comentaristas esportivos da vida. Eles podem comentar sobre cada placa enquanto dirigem na rua e falam a maioria dos pensamentos que passam pela sua mente. Isso é normal para eles! É como se fossem feitos para interagir com o mundo à sua volta. No entanto, não é nada normal para um processador interno – que pensa muito nas mesmas coisas, mas as guarda para si. O cônjuge de processamento externo pode desejar mais comunicação do parceiro de processamento interno. O cônjuge de processamento interno pode ansiar por um pouco de paz e sossego de todas as narrativas ininterruptas.

Mark e eu descobrimos que, uma vez que entendemos as formas únicas de processamento um do outro, nossos sistemas operacionais opostos realmente se ajudam. Sendo uma processadora interna, eu (Jill) descobri que há alguns benefícios em compartilhar meus pensamentos e sentimentos ao tomar uma decisão. Nunca vou falar tanto quanto o Mark, mas estou aprendendo a comunicar que estou pensando em algo, antes de finalizar meu processo de tomada de decisão. Ele, frequentemente, apresenta uma perspectiva que não considerei ou uma opção que preciso levar em conta no meu raciocínio. Também passei a entender que seus comentários aumentam nossa comunicação. Isso nos mantém em diálogo constante e aprofunda a nossa intimidade.

Eu (Mark) descobri que o processamento interno de Jill me ajudou a pensar um pouco mais nas coisas antes de falar. Sei que Jill gosta de trabalhar com fatos, números e detalhes, então aprendi a juntar alguns desses, antes de começar a processar verbalmente. Isso não é apenas útil para ela, como também me facilita na tomada de decisões sábias.

Então, como um processador interno e um processador externo

Quando disse "aceito", eu não quis dizer isso!

vivem a vida juntos? Usando suas ferramentas de Deus!

A **sabedoria** o ajudará a adquirir conhecimento sobre as diferenças entre você e seu cônjuge. A sabedoria permite que você esteja no "modo de descoberta" em seu casamento. Quanto mais você conhecer e compreender a si mesmo, mais precisará, então, de **coragem** para se esforçar e tomar atitudes que beneficiem seu casamento. Por exemplo, como (Jill) sou uma processadora interna, muitas vezes descubro que minha família não sabe quando estou pensando em alguma coisa específica. Então, tenho que mostrar quando algo está no meu radar. Se você é um processador interno, seu cônjuge, seus filhos e até mesmo seus amigos podem não o conhecer de *verdade*, porque você tende a manter seus pensamentos e suas emoções dentro de si; então, talvez seja necessário coragem para se abrir um pouco mais. Um processador interno pode precisar aprender a resistir à vontade de internalizar seus sentimentos, porque só ele sabe o que está acontecendo. Como eu, se você é um processador interno, talvez precise aprender o valor de juntar forças e obter outras perspectivas, ao tomar decisões ou resolver problemas.

Processadores externos, provavelmente, precisarão de **sabedoria** para aprender a não tentar preencher momentos de silêncio com conversas matrimoniais. Como eles processam em voz alta, podem ver o silêncio como um problema que precisa ser corrigido. No entanto, se um processador externo pode aprender a fazer perguntas e, principalmente, a esperar, pode muito bem descobrir o que está acontecendo na cabeça do cônjuge de processamento interno. Esse passo sábio pode ensinar os cônjuges de processamento externo a não monopolizar as conversas. Nossa filha de processamento externo, Érica, diz que fica sobrecarregada se não consegue processar junto de outra pessoa. Essa é uma área em que ela sente que está melhorando e entendendo mais a respeito de si mesma e de como seu temperamento afeta suas emoções.

Se você descobrir mais sobre quem você é e quem é seu

Não existem casamentos perfeitos

cônjuge, vai levar seu relacionamento a um nível de profundidade maior. Quanto mais você entende, menos você critica. Só isso pode mudar seu casamento.

Introvertido/Extrovertido

Quando chega a sexta-feira à noite, eu (Mark) penso: "É o fim de semana, com quem podemos nos reunir?" Jill chega na sexta-feira e pensa: "Estou tão feliz por ser fim de semana e eu não precisar ver ninguém até domingo na igreja!" Nossa, somos tão diferentes!

Eu costumava pensar que os termos *introvertido* e *extrovertido* se referiam às habilidades sociais de alguém. O que aprendi, no entanto, é que essas duas palavras descrevem como uma pessoa é emocionalmente reabastecida. Os extrovertidos são reabastecidos por estarem com as pessoas. Já os introvertidos se reabastecem sozinhos.

Jill é introvertida e adora ficar sozinha. Eu sou extrovertido e aprecio estar com as pessoas. Como introvertida, Jill prefere conversas cara a cara. Como extrovertido, gosto de estar em grupo e amo uma festa. Quando se trata de amizades, para mim, quanto mais, melhor! Minha esposa, no entanto, prefere ter apenas dois ou três amigos próximos. Confesso que sempre vi isso como um defeito dela e critiquei o fato de Jill não ter mais amigos. Uma vez que aprendi que ter um pequeno grupo de amigos é característico de um introvertido, tive que pedir desculpas por julgá-la injustamente.

Ao se deparar com essa diferença no casamento, a **compaixão** é necessária para se chegar a um meio-termo. Se você é extrovertido, precisa ter compaixão e compreensão pela necessidade de silêncio do seu cônjuge. É assim que ele ou ela se reabastece emocionalmente. Se você é introvertido, precisa ter compaixão e compreensão pela necessidade de socialização que seu cônjuge tem. Essa é uma maneira como o casamento faz com que nos adaptemos e até nos equilibra. A necessidade de Mark se socializar me impede de ficar isolada, como acontece com muitos introvertidos. Participamos de um pequeno grupo na igreja porque ele gosta desse tipo de interação com outros cristãos. Também gosto de interação com irmãos na fé, mas prefiro uma relação tipo um a um. No entanto, fazer parte de um grupo pequeno ainda é bom para mim e é algo que Mark e eu podemos fazer juntos, já que muitos de nossos amigos são os meus, ou os de Mark, em vez de casais de amigos.

Da mesma forma, minha introversão ajudou Mark a aprender a valorizar a quietude. Ele entendeu que, quando você se afasta da multidão, pode pensar profundamente. Mark também aprendeu o valor de relacionamentos profundos.

A propósito, ser introvertido não faz de você, automaticamente, um processador interno. O mesmo vale para extrovertidos de processamento externo. Às vezes, você verá os dois juntos; outras vezes, não. Nossa filha é uma forte introvertida e uma forte processadora externa! Então, não cometa o erro de assumir que, se você é um, você será automaticamente o outro.

Então, como lidamos com nossas diferentes perspectivas nos fins de semana? Bem, nos encontramos no meio. Temos mais encontros sociais do que eu preferiria ter, e menos do que Mark gostaria. Às vezes, Mark se levanta e encontra um amigo para o café no sábado de manhã, o que é algo que eu provavelmente nunca faria, porque amo minhas manhãs tranquilas de sábado! Somos fiéis a nós mesmos, enquanto nos ajustamos às necessidades de cada um ao longo do caminho. Precisamos uns dos outros – mas precisamos nos entender mais do que qualquer outra coisa!

Capacidade média-alta/Capacidade média-baixa

Capacidade refere-se à habilidade emocional que temos. O termo também se refere a quantas atividades você pode conciliar, antes que seja demais e que o estresse se instale. Eu (Jill) tenho uma capacidade média-alta e o Mark, uma capacidade média-baixa. Ambos são normais. Um não é mais "certo" do que o outro. Apenas temos que nos conhecer e conhecer nosso cônjuge, a fim de respeitar e honrar tanto quem somos quanto quem ele é.

Eu (Mark) sempre disse a Jill que ela não é uma personalidade tipo A... ela é do tipo AAA! A garota continua indo, e indo, e indo! Quando acorda de manhã, ela fica instantaneamente alerta. Jill pode ficar acordada até tarde e, ainda assim, levantar cedo na manhã seguinte. Eu não sou assim.

Isso causou conflitos de várias maneiras. Jill ficava frustrada porque eu não a estava acompanhando e porque sempre me canso antes dela. Eu também ficava frustrado com a Jill porque ela não para.

Uma vez que Jill e eu entendemos que fomos criados com diferentes capacidades, foi uma grande revelação para o nosso relacionamento. Compreender isso foi tanto "capacitante" quanto libertador. Nós fomos capazes de começar a deixar o outro livre e de sermos livremente diferentes.

Conforme aprendemos a viver juntos, Deus usou nossas diferentes capacidades para nos moldar no sentido de sermos mais generosos, misericordiosos e compassivos um com o outro. Eu (Jill) tive que aprender que, mesmo que pudesse lidar com muita coisa, isso não era necessariamente saudável para mim nos aspectos espiritual, emocional e físico – muito menos para o meu casamento. Não só isso, mas minhas escolhas de pessoa de alta capacidade obrigaram Mark a ter um papel semelhante com muita frequência. Por exemplo, se eu dissesse sim para cantar na equipe de adoração na igreja, seria necessário que Mark preparasse as crianças para o culto sozinho. Se eu me comprometesse com muitas coisas, também o envolveria de alguma forma, porque ele pegava todas as responsabilidades de cuidar das crianças, fazer comida ou lavar roupa que eu não conseguisse realizar. Minhas escolhas de alta capacidade fizeram muito mais do que percebi. Mesmo hoje em dia, estando

Quando disse "aceito", eu não quis dizer isso!

quase morando sozinhos e viajando juntos para palestrar com maior frequência, tenho que, intencionalmente, disponibilizar mais tempo em nossos planos do que quando viajo sozinha. Se estou sozinha, posso dar minha palestra de manhã, pegar um avião e voar para casa na mesma noite. Mark, simplesmente, não tem esse tipo de resistência. Ele quer ter algum tempo de inatividade à noite e depois voltar para casa no dia seguinte. Isso acaba sendo, na verdade, bom para nós dois – e só com o tempo entendi isso.

Da mesma forma que a minha (Mark) capacidade média-baixa tem sido boa para Jill, sua capacidade média-alta tem sido proveitosa para mim. Ela me ajuda a perseverar quando realmente quero desistir. Ela me faz continuar um pouco mais, quando eu teria parado uma hora antes se estivesse sozinho. Ela me ajuda a fazer as coisas quando me sinto sobrecarregado pela tarefa. Deus sabia o que estava fazendo quando nos reuniu, porque nos equilibramos de muitas maneiras. O que eu via em mim como uma desvantagem diante da capacidade da Jill, Deus projetou como uma oportunidade. Eu gostaria de ter visto e valorizado isso mais cedo em nosso casamento.

Assim como as outras diferenças, quando estamos lidando com capacidade, precisamos ajustar nossas expectativas em relação ao outro. É da natureza humana esperar que os outros sejam "normais" como nós somos. Quanto mais compreensão e aceitação, menos frustrados ficamos uns com os outros.

Para dentro/Para fora

Isso se refere à maneira como organizamos nossas coisas. Pessoas "para dentro" tendem a arquivar, enquanto os "para fora" tendem a acumular. Se uma mulher "para fora" se casou com um homem "para dentro", faíscas rolaram ao longo dos anos por causa dessa diferença. Não há certo ou errado aqui; apenas, diferenças. Se não nos entendemos, no entanto, podemos nos encontrar, rapidamente, chegando a conclusões erradas sobre o outro.

Pessoas "para dentro" parecem ser muito organizadas, porque a maioria de suas coisas está dentro de algum lugar. Seu mantra é: "Um lugar para tudo e tudo em seu lugar." Elas gostam de ordem e abominam a desordem.

Pessoas "para fora", muitas vezes, têm que lidar com um pouco mais de desordem visual. Isso é porque seu ideal pode ser "fora de vista, fora da mente!". Pessoas "para fora" podem amar *post-its* e grudá-los em todo lugar. (Eu [Jill] até tenho *post-its* digitais na área de trabalho do meu computador!) Nós gostamos de expor as coisas em vez de guardar, porque se guardarmos algo, podemos nos esquecer. Embora as coisas possam parecer bagunçadas, pessoas assim sabem, em geral, exatamente em que pilha está o que procuram!

Jill e eu nos tornamos um pouco mais parecidos um com o outro sem perdermos nossa essência.

Mais uma vez, nossas diferenças foram boas para nós. Eu (Jill) sou uma pessoa "para fora" que fica incomodada com a desordem causada por minha atitude. Mark me ensinou alguns princípios de organização de pessoas "para dentro" para lidar com a frustração que passo com minha bagunça. Minhas estratégias organizacionais, no entanto, ainda são verdadeiras para o meu design "para fora". Por exemplo, eu tenho uma velha cesta de piquenique com uma tampa articulada no balcão da minha cozinha. Dentro da cesta, há pastas para minha correspondência e documentos importantes que preciso estar acompanhando, como convites, contas etc. Está tudo no meu balcão para fácil alcance, mas escondido para dar um jeito na bagunça visual.

Para mim (Mark), Jill me ajudou a relaxar a respeito disso. Aprendi a encontrar um equilíbrio entre o que eu quero e a vida real. Ela me ajudou a ter expectativas realistas. Jill e eu nos tornamos um pouco mais parecidos um com o outro sem perdermos nossa essência. Usando a **sabedoria** (compreendendo um ao outro), a **graça** (deixando o outro ter a liberdade de ser humano) e o **perdão** (não criando conflito quando nossas diferenças se chocam), permitimos que Deus nos aperfeiçoasse, para sermos mais semelhantes a ele na maneira como nos tratamos.

Estruturado/Espontâneo

Essa parte do nosso temperamento tem a ver com o quanto de planejamento preferimos. Uma pessoa estruturada gosta de planejar e trabalhar em cima daquele plano. Uma pessoa espontânea gosta de se deixar levar. Pessoas estruturadas gostam de estar bem preparadas, enquanto as espontâneas são os espíritos livres deste mundo. Ambos são normais. Os problemas acontecem quando nos deparamos com as preferências uns dos outros.

Eu (Mark) sou o espontâneo e Jill é mais estruturada. Valorizo o planejamento e algumas estruturações, por isso não sou extremamente espontâneo, mas gosto de decidir o que fazer baseado em como estou me sentindo no momento. Jill, por outro lado, tem um plano e geralmente segue o roteiro estabelecido, não importa o que esteja sentindo. Eu também gosto de ter uma ideia e segui-la. Jill, no entanto, prefere deixar a ideia ser trabalhada internamente, enquanto processa os prós e os contras daquela nova possibilidade.

Um lado interessante de estruturado *versus* espontâneo é como cada um de nós encara uma surpresa. Eu (Jill) não gosto de surpresas. Mark, por outro lado, ama surpresas! Claro, nós não sabíamos disso até a primeira vez que ele me deu uma festa de aniversário surpresa – e eu nem sabia que não gostava de surpresas até então! Eu estava grata por todo o trabalho que ele teve para que a festa acontecesse, mas quando falamos sobre isso, mais tarde, pude identificar que, provavelmente, teria gostado mais se não tivesse sido uma surpresa. Como planejadora organizada, passei a maior parte da festa tentando aceitar o fato de que

Não existem casamentos perfeitos

não estávamos saindo para jantar e assistir a um filme, que era o que realmente eu estava querendo. Meu estilo mental organizado concreto não conseguia lidar com o presente do meu marido aleatório, abstrato e espontâneo.

Como Mark é mais espontâneo e adora surpresas, aprendi a colocar meu planejamento estruturado em prática para trazer mais delas para sua vida. Em um de nossos aniversários de casamento, surpreendi Mark com uma chave de hotel em seu cartão. Eu, secretamente, providenciara uma babá para passar a noite, aluguei um quarto de hotel e já havia arrumado as malas e levado para lá cedo. Dei a Mark o cartão quando jantávamos no restaurante e não fomos para casa naquela noite. Ele amou! Eu adorei planejar isso. No entanto, se ele tivesse planejado algo assim para mim, eu teria detestado. Você pode me chamar de estraga-prazeres, se quiser, ou pode valorizar as diferenças e reconhecer que todos somos feitos de uma forma maravilhosa, por um Deus que sabia que esse mundo precisava de pessoas estruturadas e espontâneas para fazer as coisas acontecerem!

Jill e eu descobrimos que existem algumas maneiras como surpreendê-la. Por exemplo, posso dizer: "Vou levar você para viajar no próximo fim de semana." Ela não precisa saber onde (embora, provavelmente, gostaria!). Só que esse, digamos, aviso prévio a ajuda a saber que estou planejando algo. Poderíamos dizer que é o mesmo princípio que dar aos seus filhos um aviso de cinco minutos antes do tempo exato que você quer que eles guardem seus brinquedos antes de dormir, em vez de dar a ordem quando já estão indo para a cama. Agindo assim, você está respeitando o fato de que eles estão se divertindo e podem precisar de algum tempo de transição para mudar do que gostam para o que precisam fazer. Quando aviso Jill de que estou planejando algo, estou respeitando sua personalidade, a fim de que ela possa ser mentalmente livre para aproveitar o tempo totalmente.

Mais uma vez, aprendemos a equilibrar um ao outro. Eu (Mark)

Quando disse "aceito", eu não quis dizer isso!

sou muito mais sensível às pessoas organizadas ao meu redor, porque Jill me ajudou a valorizar sua necessidade de informação. Eu (Jill) estou muito mais inclinada a sugerir algo espontâneo a Mark, porque sei que ele ama isso. Então, em um sábado em que trabalhamos bastante cuidando da casa e do quintal, posso dizer, no meio da tarde: "Vamos pegar a moto e sair para jantar hoje à noite?" Mark adora esse tipo de espontaneidade. Ele pode fazer o mesmo comigo, mas aprendeu que é melhor me dar um pequeno aviso, para que eu ajuste minha mente de planejadora que, provavelmente, já tinha descongelado a carne para o jantar. Sendo avisada com um pouco de antecedência, posso dizer a mim mesma que podemos usar a carne para o almoço de domingo e, então, ser espontânea com ele!

Eu (Jill) também tive que descobrir o que é verdadeiramente uma preferência de organização e o que é, apenas, o meu desejo de controlar. Sim, sei que admitir isso pode incomodar se você for uma pessoa estruturada como eu sou. Por exemplo, se Mark disser que vamos viajar no fim de semana seguinte, quero saber onde e o que vamos fazer – só que descobri que, muitas vezes, isso é meu desejo de controlar ou até mesmo meu orgulho querendo sair. Ora, ele pode tomar essas decisões sem minha contribuição. Uma maneira que aprendi para discernir entre os dois é perguntar a mim mesma: "Preciso saber para satisfazer a planejadora organizada que está em mim ou apenas porque acho que posso tomar uma decisão melhor?" Ah... Essa não é uma pergunta fácil de se responder, mas é uma questão muito importante, com certeza.

Pensador/Sentimental

Geralmente, no casamento, um cônjuge tende a pensar mais e o outro, a sentir mais. Em nosso casamento, como já compartilhamos, Jill é a pensadora e eu sou o que sente. Os pensadores usam os fatos e as pesquisas para tomar decisões e interpretar seu mundo, enquanto os

Não existem casamentos perfeitos

sentimentais empregam a emoção e a intuição.

Notamos essa diferença pela primeira vez quando estávamos procurando uma casa nova. Jill tinha uma planilha (tanto no papel quanto na cabeça dela!) com os dados sobre os imóveis visitados. Ela acompanhava quantos metros quadrados tinham, o número de quartos e banheiros, o tamanho do quintal, a distância até os mercados, a escola e a igreja etc. Eu, por outro lado, lembrava das casas pela forma como me sentia quando estava lá, pelas impressões que os bairros onde ficavam me trouxeram (as pessoas cuidavam de seus quintais e se orgulhavam de suas casas?) e pelas minhas expectativas de conexão com eventuais novos vizinhos. Honestamente, nossas decisões precisavam dessas duas perspectivas – Jill sintoniza nas coisas tangíveis e eu, nas intangíveis.

O momento em que isso se torna desafiador no casamento é quando uma pessoa precisa do outro algo que este tem de se esforçar para oferecer. Por exemplo, como uma pensadora, eu (Jill) quero que Mark me dê fatos concretos quando precisamos tomar uma decisão. Isso é secundário para ele, então precisa se esforçar um pouco mais para conseguir me atender. Como um sentimental, Mark quer que eu me conecte emocionalmente a ele, e isso nem sempre é fácil para mim. Tenho que ir um pouco mais fundo para, realmente, saber o que sinto sobre algo. Além disso, um pensador pode não notar sinais sutis e não perceber quando há algo errado ou seu cônjuge precisa de alguma coisa. Se o sentimental entender isso, ele poderá aprender a se comunicar com palavras para indicar uma necessidade. Por exemplo, Mark aprendeu a dizer: "Preciso que você saiba que estou me sentindo sobrecarregado com isso e necessito de um pouco da sua graça." Sou muito grata por essa comunicação porque, muitas vezes, não sou capaz de interpretar

Um pensador pode não notar sinais sutis e não perceber que seu cônjuge precisa de alguma coisa.

Quando disse "aceito", eu não quis dizer isso!

os sinais que ele me dá.

Para aqueles que são sentimentais, também é útil saber se você se enquadra no espectro "altamente sensível". Pessoas altamente sensíveis parecem ter antenas extras para sentir o ambiente ao seu redor. Às vezes, sua sensibilidade é física, lidando com o olfato, o tato, a audição e o paladar. Em outras ocasiões, sua sensibilidade é mais emocional, respondendo à sobrecarga ou a muitos estímulos. Eu (Mark) me encaixo no espectro altamente sensível. Compreender isso tem sido muito útil para mim e Jill, e provavelmente também está ligado ao meu temperamento de baixa capacidade. Posso ficar facilmente sobrecarregado se não gerenciar bem minha lista de afazeres.

Também não lidei muito bem com o caos de criar cinco crianças. Eu gostaria de ter entendido o porquê há vinte anos –, já que, naquela época, Jill e eu poderíamos ter ajustado nossas expectativas e a maneira de lidar com situações caóticas de alto estresse. Normalmente, era quando minha raiva entrava em ação e eu a usava para, supostamente, ter o controle das situações. Agora sei que isso era um falso controle – mas era tudo o que eu sabia na época. Entender nossa característica emocional é muito importante para lidar bem com a vida. (Você pode aprender mais sobre alta sensibilidade em www.hsperson.com.)

É claro que uma das melhores maneiras de trabalhar em equipe como um pensador/sentimental é operar dentro de nossos pontos fortes. Quando estamos planejando uma viagem ou fazendo uma compra, Mark sempre me pede que faça a pesquisa. Eu normalmente fico feliz em fazer isso. Se ele sente que algo está errado com um de nossos filhos, aprendi a confiar em sua percepção. Seu medidor de discernimento é muito mais sensível do que o meu, e nem sempre percebo sutilezas em seus comportamentos. Normalmente, ele está certo! Quando aprendemos a confiar nos pontos fortes um do outro, é menos provável que nos sintamos frustrados por eles. Somos mais fortes juntos!

DIFERENÇAS NÃO SÃO DEFICIÊNCIAS

Diferenças não são rótulos. Elas não são desculpas. Certamente não são deficiências. Diferenças são os traços de personalidade e temperamento que descrevem como processamos o mundo ao nosso redor. Começamos por nos entender primeiro e depois partimos para entender melhor nosso cônjuge (Se você tem filhos, isso também pode ajudá-lo a entender melhor eles!).

Os desafios do casamento (e dos pais) acontecem quando pensamos que a maneira como fazemos as coisas é o caminho certo ou o único caminho. O desvanecimento começa com a crítica, parte para tentar mudar o outro e, se não parar, acaba na rejeição. Quando começamos a entender e aceitar nossos cônjuges como eles são, estamos fazendo um progresso importante!

Quanto mais entendemos, mais usamos **sabedoria**, **aceitação** e **compaixão**. Isso permite que nosso cônjuge seja quem Deus o criou para ser. Vamos parar com o desvanecimento de "não aceitar" e nos comprometer, hoje, a analisar as diferenças por meio de outras lentes. Nós garantimos que você transformará sua frustração em fascinação!

PENSE A RESPEITO

Em que aspecto você precisa aceitar mais o seu cônjuge? Onde você tem tentado controlar ou forçar mudanças? Existe alguma área que você esteja rejeitando? As diferenças são o começo de um lento desvanecimento em seu casamento? Se for assim, você pode começar a mudar hoje!

Quando disse "aceito", eu não quis dizer isso!

FALE A RESPEITO

A principal tirada deste capítulo foi _____
_____

É assim que me sinto em relação a surpresas: _____
_____
_____

É assim que cada um de nós foi desenhado:

	Marido	Esposa
Linguagem do amor		
Processador interno/externo		
Introvertido/extrovertido		
Capacidade média-alta/média baixa		
Para fora/para dentro		
Estruturado/espontâneo		
Pensador/sentimental		

FALE COM DEUS A RESPEITO

Deus, o Senhor é criativo, com certeza. Fez cada um de nós com forças, personalidades, sensibilidades e temperamentos únicos. Ajude-me a entender melhor a mim mesmo e a _____. Mostre-me quando eu corro para julgar

Não existem casamentos perfeitos

ou sou tentado a criticar. Se a crítica sair da minha boca, me dê coragem para me desculpar e pedir perdão. Ajude-me a ter cuidado com o tom da minha comunicação e a prestar atenção à comunicação não verbal que uso. Ajude-me a celebrar a singularidade de _____ e ser grato por como ele/ela é diferente de mim. Em nome de Jesus. Amém.

Verdade do dia: "Portanto, aceitem-se uns aos outros, da mesma forma como Cristo os aceitou, a fim de que vocês glorifiquem a Deus."
ROMANOS 15.7

CAPÍTULO 7

AS LOUÇAS VÃO PARA O LAVA-LOUÇAS DE UMA *única forma*

O LENTO DESVANECER DA DISCÓRDIA

Vivemos em uma antiga casa de campo construída em 1912. Embora tenha um espaço maravilhoso, localização ótima e uma história agradável, nada é reto nesse antigo imóvel. Isso se tornou ainda mais evidente à medida que renovamos nossa cozinha nos últimos dez meses.

Mark e eu raramente demos muita atenção aos nossos estilos de decoração. Como sempre vivemos com um orçamento bastante apertado, nosso estilo compartilhado tem sido "o que estiver disponível para ser doado na rua" por boa parte da vida de casados. Mesmo em nossa reforma da cozinha, construímos nossa nova ilha a partir de um armário encontrado no meio-fio. O que foi descartado por outra família se tornou o tesouro da nossa.

Não existem casamentos perfeitos

Depois de instalarmos o revestimento de cerâmica, foi aí que descobrimos as linhas – ou o fato de que eu (Jill) não gosto de linhas, a menos que elas sejam retas. Sim, linhas tortas são um problema. Então, podemos estar reformando nossa reforma logo, logo...

Algo disso incomoda Mark? Não. De modo nenhum. Algumas das caixas elétricas estavam tortas, de modo que as placas do interruptor elétrico ficam um pouco desalinhadas na parede. Mark não está nem um pouco disposto a quebrar uma parede inteira da nossa casa para endireitar uma caixa elétrica. Eu, por outro lado, ficaria feliz em conviver com a poeira e a bagunça por mais alguns meses para acertar as caixas. Será que discordamos nisso?!

Nós já estabelecemos que maridos e esposas são pessoas muito diferentes. Cada uma delas tem suas próprias personalidades, temperamentos e experiências que, provavelmente, diferem uma da outra de alguma forma. Isso, por si só, pode ser fonte de muito conflito e discórdia. Quando você adiciona cada um dos nossos medos, cada uma das nossas opiniões, preferências e crenças, acaba por aumentar a frequência do conflito. Se não cuidarmos, a discórdia provoca afastamento, quando o que mais se precisa é união.

Então, o que fazemos? Como podemos discordar e nos mover em direção ao outro, em vez de nos afastarmos? Aqui está a nossa história:

Mark: Uma das melhores coisas que Jill e eu fizemos foi ir a fundo em nossos estilos de personalidade, para entender melhor a forma como Deus nos criou. Mais importante ainda foi nos aprofundarmos no estilo de personalidade do outro, para entender como Deus criou essa pessoa com quem convivemos todos os dias. Muitas de nossas divergências começaram lá. Mesmo que nos entendamos melhor, ainda podemos ter diferentes perspectivas que causam desentendimentos.

Jill: Não gosto muito de conflitos, mas sei que isso faz parte quando fundimos duas vidas. Descobrir como encontrar um meio-

As louças vão para o lava-louças de uma única forma

termo tem sido um aprendizado para mim, porque tenho tendência a basear minhas ideias em fatos que fazem sentido em meu cérebro preto e branco. Como as discussões envolvem nossa mente analítica, às vezes posso discutir meu ponto bem até demais.

Mark: Como Jill já mencionou que não gosta de conflitos, admito que eu também não gosto. Descobrir como encontrar o meio-termo e não levar as questões para o lado pessoal, tem sido uma curva de aprendizado para mim. Como sou sensível, também sinto as emoções do conflito com maior intensidade. Quando a discórdia suga muito minha energia emocional, posso ficar apático com muita facilidade.

Ao longo dos anos, aprendi a importância de desistir do tal "direito de estar certo" para o bem do relacionamento.

Jill: Em meu crescimento, não vivenciei muito conflito na minha família de origem. Isso, no entanto, não significa que sempre concordávamos. Significava, apenas, que não nos engajávamos em nossos conflitos – se discordássemos de alguém, deixaríamos isso para lá em vez de confrontar. Inicialmente eu não sabia como lidar com o desentendimento. Com o tempo, no entanto, aprendi a usar minhas habilidades para identificar fatos que carregavam minha "arma de conflito". Não era saudável, mas era eficaz em ganhar argumentos. Ao longo dos anos, aprendi a importância de desistir do tal direito de estar certo, para o bem do relacionamento.

Mark: Em minha infância e adolescência, cresci vendo desentendimentos que eram tudo, menos saudáveis. Meu pai biológico era um homem passivo, que guardava seus sentimentos até ficar irado e enfurecido. Já meu padrasto não permitia que ninguém opinasse ou pensasse por conta própria – só tínhamos que concordar com ele, e ponto final. Ele lidava com o conflito com raiva e violência. Entrei no casamento como um cara legal, passivo, que não tinha opiniões (ou pelo menos não as expressava) e guardava meus pensamentos até que

Não existem casamentos perfeitos

eu explodisse e me enfurecesse. Foi só muito tempo depois de casado que levei isso a sério, procurei aconselhamento e decidi lidar com o conflito de uma forma mais saudável.

Jill: Discordar é, na verdade, uma parte importante do casamento. Você vai discordar. Você precisa discordar. No entanto, é no desvanecimento que acontece após o conflito que precisamos prestar atenção. Mark e eu tivemos diferentes, mas igualmente doentios, desvanecimentos após os desentendimentos.

Mark: Experimentei dois desvanecimentos com desentendimentos. Eu poderia discordar, discutir e controlar a raiva ou poderia ficar passivo, me afastar e fazer o que eu queria escondido. Nenhum desses comportamentos, claro, é saudável, mas eles se tornam a realidade de muitos de nós quando nos casamos, se não fizermos algo para detê-los. Muitas vezes, a minha vergonha alimentou ainda mais comportamentos desse tipo. Eu discutiria e, em muitos casos, me enfureceria para controlar a situação. No entanto, mesmo a fúria alimentava a minha vergonha, então eu acabava me afastando e, com o tempo, escolhia o engano, funcionando de um jeito do lado de fora e de outro jeito do lado de dentro. Muitas vezes eu também cedia à passividade, acreditando que a luta não valia a pena. Isso alimentou meus sentimentos de desesperança.

Jill: Meu caminho após divergências foi diferente do de Mark. O meu era discordar, controlar e esmagar. Com muita frequência, meu orgulho me dava forças para lutar mais para ganhar do que para ouvir. Eu empurrava e dava cotoveladas para ter controle – e, ao fazer isso, esmagava o espírito do meu marido. Quando vencer é mais importante do que ouvir, ou quando o cônjuge sente que o jeito dele é o certo e o do outro é o errado, isso desmotiva o parceiro que não se sente ouvido ou valorizado.

Mark: Um antídoto para o meu desvanecimento após o desentendimento é falar com **coragem**. Hoje, se discordamos

As louças vão para o lava-louças de uma única forma

(e ainda o fazemos muitas vezes!), estou trabalhando para descobrir o que ela está dizendo, a partir de como está dizendo determinada coisa. Ela pode falar com um pouquinho de autoridade em seu tom, e eu costumava ficar muito irritado por isso. Hoje, reconheço que isso é a força de Jill vindo à tona e o que ela está dizendo ainda tem valor. Também demonstro que eu a ouvi e que valorizo sua perspectiva, mesmo que não concorde com ela. Isso a ajuda a impedir o desvanecimento antes que comece. Ela não precisa controlar, porque foi ouvida e se sentiu valorizada.

Jill: A **humildade** me ajudou a mudar as coisas. Decidi que é mais importante *fazer* o certo do que *estar* certa. Hoje em dia, estou reservando meus pensamentos para quando eles realmente importam. Também estou deixando Mark tomar decisões em assuntos nos quais, antes, eu faria questão de dar minha opinião. Pode parecer besteira, mas um dos principais momentos em que estou tentando me manter calada, é quando ele está dirigindo. Adoro a eficiência e gosto de fazer algo da maneira mais rápida e lógica. Por isso, procuro os caminhos mais curtos e as vias menos engarrafadas. Mark não se importa, e dirige do jeito dele, ainda que isso leve a gastar mais tempo no deslocamento. No entanto, se ambas as maneiras nos levam do ponto A ao ponto B, estou aprendendo a ficar bem com suas rotas pitorescas!

Mark: Nós também estamos aplicando os antídotos da **graça** e do **perdão**. A graça nos permite ser humanos, diferentes e únicos. O perdão nos ajuda quando nos deparamos com nossas imperfeições.

Quando o conflito acontece, você e seu cônjuge provavelmente seguem uma dessas direções erradas ou alguma outra. A coisa mais importante a fazer é identificar o que acontece dentro de você quando você e seu parceiro discordam, e então mudar essas coisas com coragem, humildade, graça, perdão ou qualquer que seja a melhor ferramenta de Deus para tratar seu coração.

Vamos ver as coisas de forma diferente do nosso cônjuge. Teremos diferentes perspectivas. Teremos opiniões divergentes. Aprender o que fazer com essas incongruências, pode parar o lento desvanecimento no casamento. Vamos aprimorar nossas habilidades de resolução de conflitos e explorar algumas áreas comuns de desavença no casamento ao longo do caminho.

CHEGUE AO CERNE DA QUESTÃO

No casamento, é tudo sobre você. Quer dizer, tudo sobre sua atitude. Quando você passa por conflitos, o primeiro passo é chegar ao cerne da questão. Se puder, tente ter uma visão objetiva e faça a si mesmo algumas perguntas:

Estou fazendo uma montanha de um montinho? Quando eu (Jill) era mais nova, meu pai costumava usar essa frase. Ela continuou comigo depois de adulta, e tenho usado isso como uma pergunta para me fazer refletir a respeito de conflitos conjugais e parentais. Às vezes, estou problematizando algo que não é nada demais.

O que realmente está acontecendo dentro de mim? O que quer que estejam discutindo é secundário ao que está *realmente* acontecendo. O âmago do conflito pode ser ansiedade, medo, frustração, mágoa, orgulho, egoísmo, controle, estresse, sentimento de opressão, insegurança, expectativas, exaustão, depressão e até mágoas passadas pelos pais a um cônjuge desavisado. Quanto mais rápido você puder identificar o que está acontecendo dentro de você, melhor será para compreender a sua parte na desavença. Isso é viver o ensinamento de Mateus 7.5: "Hipócrita, tire primeiro a viga do seu olho, e então você verá claramente para tirar o cisco do olho do seu irmão."

As louças vão para o lava-louças de uma única forma

O que preciso reformular? Se estou vendo meu cônjuge como meu inimigo, preciso lembrar que estamos no mesmo time. Se estou impondo mágoas passadas da minha infância ao meu cônjuge, preciso me lembrar de que minha esposa não é meu padrasto, ou que meu marido não é minha mãe. Se, por outro lado, estou apontando o dedo para o meu parceiro, preciso prestar atenção aos três dedos apontando para mim e me perguntar de que forma estou contribuindo negativamente para esse conflito. E, se começo a pensar "ele sempre..." ou "ela nunca...", preciso parar de focar nesse ponto e voltar para a situação em questão.

Estou abordando isso diretamente ou recorrendo a um comportamento passivo-agressivo? Reações passivo-agressivas incluem sarcasmo, afastamento, manipulação, tentativa de colocar a culpa em seu cônjuge ou de puni-lo com a retenção de sexo e ineficiência intencional (fazer algo pela metade, deliberadamente).

Sim, o crescimento envolve dor. Ficar cara a cara com nossos padrões de resposta não saudáveis é doloroso, mas também nos faz amadurecer. É assim que vivemos o que diz o texto de Hebreus 12.11: "Nenhuma disciplina parece ser motivo de alegria no momento, mas sim de tristeza. Mais tarde, porém, produz fruto de justiça e paz para aqueles que por ela foram exercitados."

> *Há uma razão pela qual Deus nos deu dois olhos, dois ouvidos e uma boca.*

RESPONDA, NÃO CONTRA-ATAQUE

Há uma razão pela qual Deus nos deu dois olhos, dois ouvidos e uma boca. Nossas palavras são poderosas. A Bíblia aborda isso em dezenas de versículos que nos aconselham a guardar nossa língua, medir nossas palavras e ter cuidado com o tipo de resposta que damos. Aqui estão apenas algumas das palavras de sabedoria de Deus para nós:

Não existem casamentos perfeitos

"Quem é cuidadoso no que fala evita muito sofrimento." (Provérbios 21.23)

"Nenhuma palavra torpe saia da boca de vocês, mas apenas a que for útil para edificar os outros, conforme a necessidade, para que conceda graça aos que a ouvem." (Efésios 4.29)

"A resposta calma desvia a fúria, mas a palavra ríspida desperta a ira." (Provérbios 15.1)

"Há palavras que ferem como espada, mas a língua dos sábios traz a cura." (Provérbios 12.18)

"Coloca, SENHOR, uma guarda à minha boca; vigia a porta de meus lábios." (Salmo 141.3)

Isso é apenas o começo. Nossas palavras importam, sim – e muito! Com elas, podemos começar ou apagar um incêndio. Podemos trazer vida ou morte a um relacionamento por meio das palavras. Podemos ir para a batalha ou desarmar o conflito com aquilo que dizemos. Com isso em mente, vamos analisar seis frases de desarmamento que você pode aprender a usar com mais frequência durante conflitos:

Conte-me mais – Essa frase permite que seu amado saiba que você o está ouvindo. Ela o convida a compartilhar o que está sentindo e tudo o que está pensando sobre o assunto. Veja um exemplo de como usamos isso. Mark teve um dia difícil no trabalho e chega em casa expressando sua angústia. Sento-me à mesa com ele e digo: "Você mencionou que foi um dia difícil. Conte-me mais sobre isso."

As louças vão para o lava-louças de uma única forma

O que eu ouço você dizendo é... – Essa frase mostra ao seu parceiro o que você o ouviu dizer. Pense nisso como o mesmo que acontece quando você é atendido na lanchonete *fast food*. Você faz seu pedido e o atendente repete de volta. Então, você o corrige se errar ou confirma que é isso mesmo. Quando usa essa tática com seu cônjuge, isso não significa que você concorda com o que ele está dizendo; significa, simplesmente, que você ouviu o que foi dito.

Eu concordo com você – Quando você pode encontrar uma ou mais coisas com as quais concorda em relação ao assunto em discussão, isso ajuda ambos a lembrar que vocês são do mesmo time e favorece o ritmo do trabalho em equipe. Depois de estabelecer o que ambos concordam, as discordâncias geralmente não parecem tão grandes. Recentemente, usamos isso quando estávamos discutindo como nos conectar com nosso filho, que tem sérios problemas de saúde mental. Mark queria convidar ele e seus amigos (muitos dos quais tiveram problemas com a lei) para um churrasco. Eu respondi: "Concordo com você que devemos nos esforçar para nos manter conectados com ele. No entanto, eu me sentirei mais confortável se o encontro for em um restaurante ou no shopping."

Eu... (em vez de "você") – Usar declarações com "eu" ajuda a afastar o comportamento defensivo. "Você" culpa, enquanto "eu" explica. Por exemplo: "Eu me sinto desrespeitado e sem autoridade quando você fala comigo dessa forma" é muito mais eficaz do que "Você sempre tira minha autoridade, e eu estou farto disso."

Eu admito isso – Talvez o seu cônjuge tenha expressado frustração pelo fato de você ter sido muito controlador. Você sabe que ele está certo – e que você tem responsabilidade no ocorrido. Admitir a nossa parte no erro, permite que seu cônjuge saiba que ele está correto e que você ouviu o que ele está dizendo. Muitas vezes, um pedido de desculpas deve vir depois dessa frase. Jill usou essa declaração recentemente. Eu falei da minha frustração sobre como ela lidou com determinada situação. Ela pensou por um momento e disse: "É verdade. Preciso pensar um pouco mais sobre isso, mas recebo o que você está dizendo." Foi muito bom saber que ela aceitou meu *feedback*.

Eu sinto muito. Por favor, me perdoe – Muitas vezes, pedimos desculpas com apenas um "Me desculpe". Pedir perdão vai além e coloca uma pergunta à disposição de quem foi ofendido ou ferido. Uma vez que o outro é capaz de oferecer perdão, o conflito é encerrado e a parte doente no relacionamento pode ser restaurada.

LUZES DE CONFLITO

A Bíblia nos lembra que "não há nada novo debaixo do sol" (Eclesiastes 1.9). Embora o conflito seja totalmente pessoal e, quase sempre, estressante, há determinados temas que são motivos de discussão para a maioria dos casais. Se tivermos conhecimento deles e incorporarmos algumas estratégias proativas, poderemos reduzir o conflito.

Criar filhos

Como fomos criados em famílias diferentes, nossos estilos de criação, naturalmente, serão diferentes. Mesmo se declararmos que nunca vamos criar nossos filhos da maneira como fomos criados, a verdade é que, provavelmente, repetiremos o estilo de criação de nossos pais – a menos que aprendamos como substituí-lo por outro melhor. O problema com o conflito de criação é onde você o resolve. Uma das frases mais usadas em nossa casa quando estávamos educando nossos filhos era "Quero falar com você no meu escritório", o que significava "Me encontre longe daqui para discutir esse assunto". Essa era nossa maneira de discutir e, às vezes, discordar com privacidade. Era lá que

As louças vão para o lava-louças de uma única forma

resolvíamos nossas diferenças, e não na frente das crianças. A coisa mais importante a fazer como pais, é apresentar uma frente unida.

Mesmo agora, que nossos filhos estão mais velhos, ainda temos que conviver com as diferenças entre tipos de criação. Ninguém lhe diz como é difícil ser pai e mãe depois que seus filhos se tornam adultos! "Vocês podem nos ajudar com as crianças?", "Estamos no sufoco. Pode nos emprestar algum dinheiro?" ou "Podemos morar com vocês por um tempo?" são perguntas que pais de filhos adultos têm de responder, de vez em quando... E é preciso aprender a lidar com elas.

Se você faz parte de uma família com filhos de relacionamentos prévios, é extremamente importante que você determine como ser pai e mãe com os filhos dele, dela e nossos. Uma frente unida é duas vezes mais importante quando se unem duas famílias. Trabalhe em conjunto nos bastidores, para criar metas e diretrizes que criarão o ambiente doméstico que você deseja para todos que convivem juntos no lar.

Estratégia proativa: aprenda sobre criação em conjunto. Uma das melhores coisas que fizemos foi participar de uma conferência de pais e fazer diversos cursos juntos na igreja. Por que isso foi importante? Porque nos colocou em sintonia. Ouvimos o mesmo ensinamento e processamos a mesma informação. Não concordamos necessariamente com tudo o que aprendemos, mas participar das aulas nos deu um vocabulário compartilhado e fomos obrigados a ter conversas que nos ajudaram a definir nossas próprias estratégias. Outras maneiras de aprender juntos incluem assistir a vídeos sobre o tema ou ler bons livros que tratam do assunto, como *Não existem filhos perfeitos*, ou ouvir um *podcast* sobre o assunto e discutir o que vocês estão aprendendo.

Sexo

Falando sério. Um de vocês provavelmente quer mais e o outro, provavelmente, quer menos. Esse é um problema comum na maioria dos casamentos e causa um pouco de conflito. Assuntos complicadores são gravidez, contracepção, amamentação, emoções e alterações físicas pós-gravidez, exaustão, menopausa, disfunção erétil, pornografia e histórico de abuso sexual, só para citar alguns.

Sexo é algo sobre o que a maioria de nós não está muito à vontade para falar. Isso nos impede de abordar nossos diferentes impulsos e de processar nossos sentimentos ao longo do caminho. Na maior parte do nosso casamento, eu (Mark) pensei em sexo uma vez a cada dezessete segundos e Jill, uma a cada dezessete dias. Sério, nós estamos em extremos opostos neste caso. Próximo aos seus quarenta anos, o desejo de Jill na verdade aumentou – e, pode acreditar, o meu diminuiu. Então, quando meus sonhos se tornaram realidade, ainda éramos opostos. O aconselhamento nos ajudou a lidar com parte da bagagem que trouxemos para o nosso casamento, incluindo pornografia e sexo antes do casamento. Também nos ajudou a aprender a falar sobre sexo fora do quarto.

Estratégia proativa #1: Fale sobre (Fora do quarto, vestidos, para que vocês se sintam menos vulneráveis!). Aqui estão algumas conversas para começar a discutir o que você precisa falar:

O que você mais gosta na nossa vida sexual?
O que você gostaria que fosse diferente em nossa vida sexual?
Há algo que eu faça sexualmente que incomoda você?
Há algo que eu faça sexualmente que você realmente gosta?
Idealmente, com que frequência você gostaria que fizéssemos amor?
Preliminares... Têm sido muito longas, muito curtas ou na medida ideal para você?
O que acontece fora do quarto em nosso relacionamento que fere nossa intimidade dentro dele?
Eu faço você se sentir especial fora do sexo?
Em se tratando de comunicação, sobre o que você gostaria que falássemos mais?

As louças vão para o lava-louças de uma única forma

Você se sente emocionalmente seguro comigo? Se não, o que eu poderia fazer para ajudá-lo a se sentir seguro?

Existe alguma coisa que um de nós precise falar com um médico a respeito, a fim de melhorar nossa vida sexual (disfunção erétil, ressecamento vaginal, dor durante a relação sexual, depressão, desejo anormalmente baixo etc.)?

Existe alguma bagagem emocional ou sexual do seu passado que e steja impedindo o sexo (pornografia, relacionamentos anteriores, culpa, vergonha etc.)?

Há algo em nosso relacionamento matrimonial que parece que não conseguimos melhorar ou superar? Que tipo de aconselhamento poderíamos buscar para resolver isso?

Estratégia proativa #2: Programe o sexo. Uma das melhores coisas que Mark e eu fizemos para a nossa vida sexual foi programar o sexo. Parece loucura? Nós pensávamos assim também. Com o tempo, no entanto, isso transformou nossa vida sexual. Considere estas vantagens:

Elimina o "pedido" – Na maioria dos casamentos, um dos cônjuges possui um desejo mais elevado do que o outro e pede sexo com mais frequência, enquanto seu parceiro raramente pede intimidade física. Para o cônjuge com um desejo mais elevado, o medo da rejeição geralmente se instala. O indivíduo fica cansado de ter que pedir ou até implorar por sexo regularmente. Quando um casal concorda com um cronograma básico para o sexo, isso elimina as suposições e ainda deixa espaço para a espontaneidade ocasional, assegurando ao companheiro de maior desejo que acontecerá – e quando acontecerá! Normalmente, é menos frequente do que o parceiro com um desejo maior gostaria e mais frequente do que o parceiro com um desejo menor pode querer. Isso significa buscar o meio-termo.

Aumenta o desejo: Para o parceiro com um desejo sexual menor, o sexo programado envolve o cérebro, o maior órgão sexual do corpo

Jill, você está tentando passar de fazer almoço para fazer amor em trinta segundos? Você não vai conseguir assim!

humano. O cérebro precisa ser informado para preparar o corpo para uma resposta sexual. A maioria das pessoas que têm um menor desejo sexual, simplesmente não pensa em sexo com muita frequência. Pois o agendamento, por assim dizer, dá início a esse processo. Uma vez que o sexo está no calendário, funciona como um lembrete para pensar sobre aquilo, preparando-nos para estarmos juntos fisicamente e ajuda a entrar no clima.

Quando eu (Jill) fui reclamar com uma amiga sobre ter problemas para entrar no clima, ela disse: "Jill, você está tentando passar de fazer almoço para fazer amor em trinta segundos? Você não vai conseguir assim! Você tem que ter uma estratégia para ir do ponto A ao ponto B." Ela estava certa!

Raramente o parceiro com um grande desejo precisa entrar no clima. Por outro lado, o parceiro com um menor desejo pode precisar se esforçar para isso. Quando o sexo está no calendário, serve como um alerta para definir estratégias e colocá-las em prática. Agendar sexo lembra aos cônjuges que eles estão trabalhando juntos para atingir a meta de intimidade, valorizando compromisso acordado e fazendo o que for necessário para que isso aconteça.

Aumenta a antecipação – Quando o ato sexual é priorizado, isso gera antecipação. Tanto o marido quanto a esposa começam a se preparar para a recreação conjugal. Você já pensou em sexo como recreação? Mas é! Deus nos deu o dom do sexo como uma forma de nos divertirmos em nosso casamento. É o nosso playground privado, onde Deus pretende que desfrutemos do prazer físico!

Quando o sexo está na agenda, gostamos de planejar nosso tempo juntos, já que ambos têm o mesmo objetivo. Podemos até nos tornar aprendizes eternos na arte de dar prazer um ao outro. Manter alguns livros sobre técnicas sexuais cristãs na prateleira pode nos tornar

As louças vão para o lava-louças de uma única forma

experts em proporcionar prazer físico um ao outro, e isso cria expectativa à medida que pensamos na próxima vez em que ficaremos juntos.

Permite o planejamento no horário nobre – Ele prefere à noite, quando pode ser romântico. Ela prefere ao dia, quando não está tão cansada. Eles decidem, então, que farão amor duas vezes por semana – terça-feira, ao meio-dia, quando ele chega em casa para almoçar e ela arranja uma babá para as crianças, e sexta à noite (depois de um banho quente e uma noite assistindo a um filme juntos ou depois de voltar de um encontro). Esse cronograma funcionou bem para um casal que orientamos.

A maioria dos casais não só difere em seus desejos em relação à frequência do sexo, mas também na atmosfera que é propícia a ele. Alguns lutam para fazer amor quando as crianças estão nas proximidades. Outros preferem certa hora do dia. Quando você coloca o tempo do sexo no calendário, pode trabalhar para acomodar os gostos e atender às necessidades de ambos.

Permite que os casais se preparem fisicamente – Eu (Jill) costumava brincar com o Mark que ter um dia marcado para fazer amor, com certeza, tirou a pressão de ter que depilar as minhas pernas todos os dias! Mas, falando sério, há valor em se preparar fisicamente para fazer amor com seu cônjuge. Um banho quente, um rosto bem barbeado e uma loção cheirosa, muitas vezes, nos relaxam para a intimidade física. Esses preparativos também geram antecipação, à medida que você se prepara para estar com seu cônjuge. Se o cansaço o impede de se animar para o sexo, um cochilo no começo da noite pode ser a chave, se o ato sexual estiver marcado para aquela noite. Como algumas das suposições estão fora do jogo, podemos nos preparar não só mentalmente, mas fisicamente também.

Isso gera confiança – Se nos comprometermos a fazer amor regularmente, precisamos honrar nossa palavra e nosso acordo – e, quando cumprimos nossa palavra, isso gera confiança e aumenta a intimidade. Nas raras ocasiões em que algo impede seu ato regular de fazer amor, os cônjuges precisam expressar o valor da intimidade sexual e fazer planos alternativos para atender a essas necessidades físicas e emocionais. Essa é a chave para agendar a intimidade com sucesso.

Aprendemos que o sexo espontâneo pode ter lugar na sua vida, mas sexo programado sempre tem um lugar no seu calendário!

Dinheiro

Um de vocês é provavelmente o gastador e o outro, o poupador. Dizem que os opostos se atraem, e de fato o fazem em todas as áreas da vida – incluindo a financeira! O conflito financeiro, no entanto, nem sempre é sobre reais e centavos. Muitas vezes, é mais sobre generosidade, liberdade, segurança, poder, estilo de vida e convicções gerais sobre gastos e economia.

Muitas vezes, só falamos de dinheiro quando discordamos. Em vez disso, deveríamos ter "reuniões de comitê do orçamento" regularmente, para determinar as estratégias de gerenciamento de dinheiro juntos. É provável que um de vocês seja o "contador" e o responsável pelo pagamento das contas. No entanto, ambos precisam estar envolvidos nas decisões orçamentárias. Aqui estão alguns iniciadores de conversas para falar sobre dinheiro:

Como você se sente em relação ao dinheiro?
O que não ter dinheiro significa para você?
Como o dinheiro foi administrado na casa em que você cresceu?
O que você acha de dízimo e generosidade?
Você se sente seguro sobre o nosso futuro financeiro?
Quais medos financeiros você tem?

Estratégia proativa: Façam um curso de gerenciamento financeiro juntos. Assim como com a criação dos filhos, uma das

As louças vão para o lava-louças de uma única forma

melhores coisas que Mark e eu fizemos foi nos inscrevermos no curso da Universidade da Paz Financeira, de Dave Ramsey, em uma igreja próxima. Isso nos deu um vocabulário comum e abriu oportunidades para conversas sobre dinheiro. Também nos ajudou a começar nossas reuniões de comitê do orçamento.

Divisão de afazeres

Essa é, frequentemente, uma área onde expectativas desconhecidas, não ditas e não atendidas, podem existir. Muitas dessas expectativas podem vir de como os seus pais lidavam com a divisão de tarefas quando você era jovem. Se você cresceu em um lar onde a esposa ficava em casa e cuidava da cozinha, da limpeza e das crianças, enquanto o marido tratava do quintal, dos reparos da casa e da provisão financeira, você pode ter casado esperando a mesma divisão de tarefas. No entanto, se o seu cônjuge cresceu com ambos os pais trabalhando fora e em casa, suas expectativas diferentes podem causar conflitos.

É melhor conversar sobre como lidar com as tarefas domésticas em um ambiente neutro, sem estar no meio de um conflito. De repente, quando você estiver dirigindo ou em um encontro, faça as seguintes perguntas:

> *Pensando em cozinhar, limpar, lavar roupa, cuidar do jardim, fazer compras, decorar, ajudar no dever de casa, dar banho nas crianças e colocá-las para dormir, o que é "tranquilo" para você fazer?*
>
> *Pensando nessas mesmas coisas, o que é mais estressante para você fazer?*
>
> *Podemos dividir os deveres com base no que menos nos estressa e que temos maior facilidade?*
>
> *Existe algo que nós dois não gostamos de fazer? Qual o melhor acordo para lidar com isso?*
>
> *Existe algo que podemos "terceirizar"? (Para as crianças? Para contratar um profissional?)*

Estratégia proativa: Jogue com seus pontos fortes. A maioria dos conflitos acontece quando um de nós está contando a pontuação. Tentar tornar as coisas "justas" nunca funciona, porque as circunstâncias da vida mudam nossa disponibilidade o tempo todo. Em vez disso, identifique os pontos fortes de cada um e determine a divisão de tarefas a partir deles. Por exemplo, posso gerenciar o nosso dinheiro rapidamente e com menos estresse do que o Mark. Ele, por outro lado, lida com reparos domésticos muito melhor do que eu. Com ambos trabalhando no momento, costumamos preparar o jantar juntos, enquanto conversamos sobre o nosso dia. Descubra o que funciona para você, adicione um coração de servo na mistura, para um ajudar ao outro e você reduzirá o conflito nessa área da vida!

Sogros

Cada um de vocês veio de uma família com a qual precisará manter um relacionamento. Alguns sogros trazem alegria ao seu casamento. E, como alguns de nós sabemos, alguns trazem dor ao seu casamento. É complicado.

Há uma razão pela qual a Bíblia nos recomenda que devemos "deixar e nos unir". Gênesis 2.24 diz assim: "Por essa razão, o homem deixará pai e mãe e se unirá à sua mulher, e eles se tornarão uma só carne." Este versículo explica como é a mudança de prioridade de relacionamento. Até você casar, seus pais podem ser as pessoas mais importantes da sua vida. Quando você se casa, seu cônjuge se torna a pessoa mais importante da sua vida. Portanto, seu cônjuge é a primeira pessoa a ser considerada. Ele deve ser protegido e priorizado.

Às vezes, o conflito acontece quando um dos cônjuges joga o outro na fogueira em conversas com familiares. Precisamos saber que somos sempre respeitados e protegidos quando estamos com a família do outro. Logo no início do nosso casamento, Mark usava o que considerava humor quando estávamos com sua família, para fazer piadinhas comigo.

As louças vão para o lava-louças de uma única forma

Eu me sentia meio traída para ele se sentir engraçado. Quando falei com ele sobre isso, Mark admitiu que nem percebeu o que estava fazendo e prometeu mudar. Ele mudou, e mais uma vez meus sentimentos de ser respeitada e protegida foram restaurados.

Muitas vezes, quando se trata de relacionamento entre as duas famílias, você precisa intensificar e estabelecer limites com a sua própria. Se seus pais continuam aparecendo sem avisar e isso realmente incomoda seu cônjuge, você precisará pedir a eles que liguem antes de virem. Se a sua família for desrespeitosa com seu cônjuge, é você quem terá de lidar com isso e exigir respeito. Se eles não conseguirem cumprir a exigência, talvez seja necessário reduzir o tempo gasto com determinados membros da família. Isso pode ser decepcionante para você e para eles, mas diz muito ao seu cônjuge sobre como ele é mais importante. O que você deve aos seus sogros? Você lhes deve gentileza, respeito, comportamento e caráter cristãos consistentes.

Estratégia proativa: Fale sobre isso. Pergunte ao seu cônjuge: "Existe alguma circunstância na qual você não se sente protegido ou priorizado em nosso casamento quando se trata da minha família?" Em seguida, preste atenção à resposta recebida e defina algumas mudanças. Você pode ser tentado a discordar ou mesmo culpar seu cônjuge pela dinâmica familiar, mas resista ao impulso de fazer isso. Lembre-se de que vocês são da mesma equipe, trabalhando em conjunto para fortalecer seu relacionamento conjugal, interrompa qualquer desvanecimento causado por discordância e se aproxime mais um do outro.

> *O que você deve aos seus sogros? Você lhes deve gentileza, respeito, comportamento e caráter cristãos consistentes.*

Hobbies/Férias/Tempo livre

Férias são uma coisa em que Jill e eu realmente combinamos! Nós dois gostamos de ir a um lugar relaxante e não fazer absolutamente nada.

Ufa! Finalmente, uma área em que não somos opostos. No entanto, sabemos que essa não é a experiência que muitos casais têm. Um quer agitar e o outro quer apenas relaxar. Uma família que conhecemos teve um desentendimento de férias porque ele cresceu indo para a casa de praia da família todo verão. A família dela, no entanto, teve diferentes destinos de férias ao longo dos anos – inclusive, em destinos mais frios, daqueles em que se fica dentro do hotel, com uma lareira acesa. Quando eles se casaram, ele assumiu que as férias significavam praia, e ela, um destino diferente a cada ano. Quando esses tipos de conflitos aparecem, é aí que você precisa encontrar um meio-termo de alguma forma.

Estratégia proativa: Entre no mundo do outro. Quando eu (Mark) comecei a pilotar moto, Jill estava, inicialmente, com muito medo de andar comigo. No começo, ela disse que preferiria que a moto fosse uma "coisa minha" e não uma "coisa nossa". Estou muito feliz por ela ter superado seus medos e, eventualmente, decidido se juntar a mim, porque isso se tornou algo que podemos fazer juntos. (Eu [Jill] também estou feliz por ter feito isso. Fico muito mais tranquila hoje em dia quando andamos de moto!)

Quando Jill entra no meu mundo dessa forma, isso me deixa muito mais propenso a entrar no dela. Ela adora ir a peças e musicais. Essas não são as coisas que mais gosto de fazer, mas estou disposto a ir, de vez em quando, porque sei que isso a deixa feliz.

Tempo para o casal

Enquanto a maioria dos casais concorda com a necessidade de passar tempo juntos, muitos se encontram em conflito, navegando na logística para colocar isso em prática. Às vezes, o conflito acaba quando deixamos as crianças com uma babá ou com outra pessoa. Outras vezes, o conflito é mais sobre o aspecto financeiro que envolve o "tempo para o casal". Ainda outros casais se encontram em conflito sobre quais atividades fazer quando estão apenas os dois.

As louças vão para o lava-louças de uma única forma

Mark e eu descobrimos que existem três tipos de datas que precisamos ter: datas diárias, datas semanais (quinzenais ou mensais) e saídas anuais. É fácil fazer isso acontecer? Normalmente, não. É importante? Com certeza.

Os encontros diários são apenas as conexões cotidianas que temos como casal. Um telefonema durante o almoço, ou uma mensagem de WhatsApp como "Estou pensando em você". Quem sabe, ainda, um bilhetinho romântico escondido na bolsa dela ou na carteira dele. Esses pequenos atos de gentileza mantêm vocês se movendo juntos, e não separados.

Encontros semanais são horários regulares que você reserva para passarem tempo juntos. O ideal são encontros semanais, mas mesmo os quinzenais ou mensais são melhores do que nada! Esses tipos de encontros regulares são planejados com antecedência no calendário e protegidos. Talvez aconteçam todas as sextas-feiras, ou todas as terças, ou no quarto sábado de cada mês. Se você tiver filhos em casa, converse previamente com avós, tios ou famílias amigas das crianças. Esses momentos importantes de comunicação ininterrupta e foco um no outro, fazem com que vocês invistam em seu relacionamento quando as responsabilidades da vida cotidiana ameaçam afastá-los.

Então, ainda existem as viagens anuais. Ter uma escapadela de vinte e quatro horas a uma semana apenas para os dois, permite que vocês se lembrem de como é se divertir e explorar o mundo juntos. Isso os afasta das demandas diárias que os mantêm nas rotinas do relacionamento. Se você economizar 100 reais por mês a partir de um aniversário até o próximo aniversário, terá economizado R$ 1.200 – o suficiente para, pelo menos, uma escapadela de vinte e quatro horas por ano.

Nota especial para aqueles que têm filhos ainda pequenos: resista ao impulso de pensar que terão tempo suficiente depois que as crianças crescerem. Possivelmente, não terão. Portanto, supere agora seu medo de deixar as crianças. Você não fez uma promessa de casamento de que iria amar, honrar e respeitar seu cônjuge "até que os filhos os separem". Você é uma esposa, em primeiro lugar; tornou-se mãe depois. Você é marido primeiro, e depois pai. Seus filhos precisam ver você priorizando seu casamento. Eles vão encontrar segurança em saber que mamãe e papai estão bem. Sua prioridade hoje é separar um tempo para o casal! Faça disso um hábito!

Estratégia proativa: Fale sobre isso. Pegue cada um dos tipos de encontros mencionados acima e debata maneiras de fazer isso acontecer. Coloque as datas no calendário, defina uma poupança para um orçamento anual de viagem, defina metas para o que fazer e locais para ver juntos. Siga em frente com uma mentalidade de "nós", que os manterá se divertindo juntos!

PEGUE SUA CAIXA DE FERRAMENTAS

Conflitos, frequentemente, revelam o pior em nós. Nossos esforços para sermos ouvidos, para forçar nosso cônjuge a concordar conosco e a seguir nosso caminho colocam o "eu" na frente do "nós". Quando enfrentamos um conflito, precisamos de **coragem** para abordar tópicos com que não nos sentimos confortáveis. A **graça** nos permite ser humanos, diferentes e únicos. O **perdão** é o que usamos quando ofendemos o outro e nos deparamos com as imperfeições do nosso companheiro. A **humildade** é necessária quando o nosso orgulho quer ganhar em vez de ouvir. Ela nos ajuda a lembrar de *fazer* o que é certo, em vez de tentar *estar* certo. A **compaixão** é extremamente necessária, pois quando nos colocamos no lugar de nosso cônjuge, isso vai nos ajudar a ouvir e entender melhor sua perspectiva. **Aceitação** nos permite questionar e discordar sem, no entanto, tentar mudar uns aos outros. A **sabedoria** nos diz que quando o conflito se torna (ou parece) grande demais para superarmos, precisamos buscar ajuda de um mentor ou conselheiro.

As louças vão para o lava-louças de uma única forma

Finalmente, "o **amor** é paciente, o amor é bondoso. Não inveja, não se vangloria, não se orgulha. Não maltrata, não procura seus interesses, não se ira facilmente, não guarda rancor. O amor não se alegra com a injustiça, mas se alegra com a verdade. Tudo sofre, tudo crê, tudo espera, tudo suporta." (1Coríntios 13.4-7)

PENSE A RESPEITO

O que você pode fazer hoje para mudar a forma como responderá na próxima vez que você e seu cônjuge discordarem? Dos conflitos mais comuns entre os casais, em qual deles você poderia ser mais proativo para minimizá-lo?

FALE A RESPEITO

A principal tirada deste capítulo foi _____
_____

Nunca pensei muito sobre isso, mas posso ver que a dinâmica de meu lento desvanecimento com conflito é _____
_____
_____

Ao lidar com uma desavença, percebo que preciso usar minhas ferramentas de Deus de _____
_____
_____

Pensem juntos em um encontro divertido que você pode planejar e colocar no calendário!

Não existem casamentos perfeitos

FALE COM DEUS A RESPEITO

Deus, existem muitos pontos em que é fácil discordar. Quero o meu caminho e _____ quer o caminho dele(a). Ajude-me a passar de uma mentalidade de "eu" para "nós". Mostre-me como ouvir, como receber *feedback*, como falar gentilmente e como dar de forma generosa no meu casamento. Ajude-me a dar respostas desarmadas quando as coisas ficarem tensas entre nós dois. Mais do que tudo, ajude-me a manter meu coração em seus caminhos. Menos de mim e mais do Senhor, Pai. Em nome de Jesus, amém.

Verdade do dia: "Nenhuma palavra torpe saia da boca de vocês, mas apenas a que for útil para edificar os outros, conforme a necessidade, para que conceda graça aos que a ouvem."
Efésios 4.29

CAPÍTULO 8

"EU NÃO ESTOU *exagerando!*"
O LENTO DESVANECER DA DEFENSIVA

Eles se sentaram em nossa sala de estar, tentando organizar as emoções de seu relacionamento ferido. Aquele casal, unido havia mais de 20 anos, pediu ajuda a mim e a Mark, para passar por alguns desafios que eles não conseguiam resolver por conta própria. Com grande coragem, o marido comunicou com carinho como sua esposa o fizera se sentir alguns dias antes. Ele reconheceu suas responsabilidades e se esforçou para se comunicar de forma clara e gentil. Porém, ela acabou com ele. Irritada, a esposa defendeu suas ações do início da semana. Sua lógica era correta: ela tinha boas e racionais razões ao lidar com a situação daquele modo. No entanto, ela não estava ouvindo o marido de forma alguma. Sua lógica minou seu amor. As razões nunca devem superar o relacionamento. No entanto, quando estamos na defensiva, é exatamente isso que acontece.

Aqui está a nossa história:

Não existem casamentos perfeitos

Mark: Embora tivéssemos melhorado drasticamente nossa comunicação e resolução de conflitos ao longo de anos de aconselhamento matrimonial, ainda corriam, sob a superfície do relacionamento, correntes de águas contaminadas. Quando nossos conflitos não eram resolvidos porque um dos dois ou ambos estávamos reagindo defensivamente, eu me isolava internamente.

Jill: Eu faria o mesmo. O lento desvanecimento da defensiva transforma o conflito não resolvido em isolamento. Eu iria me recuperar de forma privada e ficaria racionalizando internamente o "porquê" de estar certa. Muitas vezes, eu nem procurava entender.

Mark: Meu isolamento acabou me levando ao desligamento. Externamente, eu me comportava como se estivesse tudo bem; internamente, porém, eu estava levantando muros e acumulando mágoas. Eu era como a criança que diz "sim" com os dedos cruzados. Muitas vezes, a raiz disso vem da nossa infância. Se crescermos em um lar emocionalmente inseguro, aprendemos, logo cedo, a concordar por fora para manter a paz – só que, internamente, guardamos a dor no coração, gerando amargura. Não é saudável, mas é uma forma de proteção que alguns de nós podem ter usado, para sobreviver em nossos anos de formação.

Durante o nosso processo de cura, trabalhei para combinar meu exterior com meu interior, com uma conversa corajosa e humilde. Com o tempo, minha tendência de ficar na defensiva diminuiu.

Jill: A fim de parar o lento desvanecimento da defensiva, temos que começar por aqueles primeiros momentos de frustração. O que fazemos nesses primeiros minutos de discordância, muitas vezes, define a direção para nossa comunicação. Diminuir nossa raiva e nos sintonizar na perspectiva de Deus, faz uma enorme diferença.

Mark: Quando ficamos na defensiva, não ouvimos. Não aceitamos nossa culpa. Não consideramos que podemos não estar certos ou totalmente certos. A **humildade**, por outro lado, exige que

"Eu não estou exagerando!"

escutemos. Ela requer que avaliemos a nossa própria responsabilidade. A humildade se aproxima do conflito com um coração que diz: "Qual é a minha parte nisso?"

Jill: Humildade e orgulho não podem coexistir. Você tem que se livrar do orgulho para encontrar humildade. É como o conhecido versículo da Bíblia diz: "O orgulho vem antes da destruição; o espírito altivo, antes da queda." (Provérbios 16.18). Isso também nos diz que temos que substituir o que *queremos fazer* pelo que *precisamos fazer*.

Mark: O casamento é, na realidade, sobre nosso crescimento e nosso amadurecimento emocional e espiritual. É aprender a morrer para si de uma forma saudável, porque estamos nos tornando mais parecidos com Cristo. Jesus Cristo não queria ir para a cruz, mas sabia que precisava fazê-lo. Não quero olhar para mim quando Jill e eu estamos passando por conflito, mas sei que preciso agir assim. Isso me ajuda a não ser defensivo.

Jill: Não quero abandonar meu orgulho, porque é uma forma de autopreservação. No entanto, a palavra me diz que Deus é quem me defende. Portanto, não preciso assumir esse papel – ele já está sendo muito bem exercido.

Mark: Não se preocupe se seu cônjuge não está trabalhando para ser menos defensivo. Acabar com os ciclos dolorosos em um casamento pode começar com uma pessoa. Você *pode* fazer a diferença, diminuindo sua postura defensiva e simplesmente atraindo seu cônjuge de forma diferente do que você fez no passado. Se rompemos com o hábito da defensiva, podemos nos envolver de forma mais compassiva e franca em nosso relacionamento. Vejamos por que somos defensivos – e algumas medidas práticas para mudar isso.

DIÁLOGO OU DEBATE?

Certa vez, eu (Jill) ouvi alguém dizer que ser defensivo é reagir com uma mentalidade de guerra a uma questão pacífica. Responder na

Não existem casamentos perfeitos

defensiva é uma reação exagerada que nos leva a nos armar com armas emocionais. Se negligenciada, a postura defensiva contribui para o que o autor Sheldon Vanauken chama de "separação rasteira".

A defensiva faz com que voltemos aos nossos respectivos cantos. Você deixa de compartilhar informações ou falar sobre coisas importantes, porque não quer começar uma guerra em sua sala de estar. Como forma de proteção ou apenas hábito, você se concentra mais em "eu" do que em "nós". Antes que perceba, você criou uma grande divisão bem no meio de seu relacionamento – e agora não sabe como fechar a fenda.

Todos nós acabamos em uma posição defensiva em algum momento. A questão não é se vai acontecer; é a rapidez com que você pode resolver dentro de si mesmo quando acontece. Qual é o seu tempo de recuperação? Você se agarra à mágoa percebida e a esconde para usar como munição em outro momento? Ou você usa o **perdão**, a **graça** e a **humildade** para abaixar as armas e se envolver no diálogo em vez de debater?

A "BIFURCAÇÃO" NA ESTRADA

Vários meses após o nascimento do nosso filho mais novo, nós o amarramos em um canguru de carregar bebê e levamos nossa família para fazer trilhas no parque. Enquanto seguíamos as trilhas, havia vários lugares onde parávamos em bifurcações. Conversamos com nossos filhos sobre qual direção devíamos seguir. Geralmente, um dos caminhos era mais usado que o outro. Às vezes, havia até mesmo sulcos profundos no chão, porque um caminho obviamente era escolhido com mais frequência do que o outro.

A mesma coisa acontece no casamento. À medida que caminhamos juntos pela vida, respondemos habitualmente de certas maneiras que também formam "sulcos" em nossa mente. Sem pensar, tomamos o caminho da familiaridade defensiva, seguindo nossos

"Eu não estou exagerando!"

passos já gastos. No entanto, muitas vezes o caminho rotineiro é "o que nos dá vontade de fazer" e o outro caminho, dificilmente percorrido, é "o que Deus quer que façamos".

Parar com o comportamento defensivo requer que abandonemos nossa carne (o que queremos fazer) e procuremos Deus (que nos mostrará o que precisamos fazer). Gálatas 5.16-17 diz o seguinte: "Por isso digo: vivam pelo Espírito, e de modo nenhum satisfarão os desejos da carne. Pois a carne deseja o que é contrário ao Espírito; e o Espírito, o que é contrário à carne. Eles estão em conflito um com o outro, de modo que vocês não fazem o que desejam."

Então, a pergunta que vem logo em seguida é: "Vou viver a vida e me relacionar no casamento do meu jeito ou do jeito de Deus?"

Assim como nossa família fez uma pausa em cada bifurcação da trilha e considerou qual caminho seguir, você e eu temos que parar e considerar as opções à nossa frente. Será que reagiremos ao *feedback* de nosso cônjuge com uma atitude defensiva que nos afasta ou deixaremos de lado nossas armas e teremos um diálogo útil que nos une?

O PODER DO *FEEDBACK* EM SEU CASAMENTO

A atitude defensiva geralmente aparece quando nosso cônjuge nos dá algum tipo de *feedback*. Não estamos acostumados a usar essa palavra de origem inglesa no casamento – ela é mais empregada no mundo corporativo. No entanto, o *feedback* é uma parte muito importante da vida. Precisamos saber como nossas ações afetam os outros, tanto de forma positiva quanto negativa. Conversas amáveis e honestas alimentam a maturidade e aprofundam a intimidade.

O *feedback* no casamento é crucial, mas poucos de nós o fazem da forma correta. Tendemos a responder com raiva, vergonha, culpa e na defensiva. As "avaliações de desempenho" do casamento nos permitem reconhecer o que está e o que não está funcionando.

Dois tipos de *feedback* são saudáveis para o casamento: o *feedback* responsivo e o reflexivo. Vejamos por que cada um é importante – e aprender a como dar e receber *feedback* com sucesso no casamento.

Feedback responsivo

Feedback responsivo é o que acontece naturalmente todos os dias no casamento. Essa é, simplesmente, a maneira como respondemos uns aos outros. Pode ser um *feedback* encorajador, como: "Que jantar maravilhoso, querido!"; ou "Uau, seu jardim está lindo!" Honestamente, todos nós precisamos dar mais desse tipo de *feedback*! A maioria de nós é mesquinha com o *feedback* encorajador. A verdade é que prestamos mais atenção ao que nosso cônjuge não faz, do que àquilo que ele faz. Poderíamos levar o relacionamento a outro nível simplesmente notando as pequenas coisas, que muitas vezes não valorizamos, que nosso cônjuge faz.

O outro tipo de *feedback* responsivo é quando expressamos frustração, mágoa ou preocupação para o outro. Nem sempre transmitimos esse tipo de *feedback* da melhor forma. Quando eu (Mark) dou *feedback*, tenho duas tendências destrutivas, e elas estão nos extremos opostos do espectro. A primeira resposta é expressar frustração, em vez de comunicar diretamente sobre como as ações de Jill me afetam. Isso, geralmente, vem seguido de insinuações – que, se você ainda não percebeu, nunca é uma forma eficaz de comunicação.

Minha segunda tendência, como já disse neste livro, é "guardar e explodir". Eu digo a mim mesmo que não estou me importando quando na verdade estou. Guardo, guardo e guardo até que, eventualmente, exploda. Responder com ira, caso você também não tenha percebido, nunca é uma forma eficaz de comunicação.

Quando eu (Jill) dou *feedback* em meu casamento, minha tendência destrutiva é ser tão direta que acaba faltando bondade e

"Eu não estou exagerando!"

compaixão. Minha abordagem voltada para os fatos, bate de frente com o temperamento emocional de Mark. Hoje em dia, estou aprendendo a falar com gentileza e compaixão para que a mensagem seja recebida melhor. Às vezes, eu respiro fundo para ganhar tempo e pensar em *como* estou dando meu *feedback*.

Embora eu (Mark) nem sempre acerte, hoje em dia estou aprendendo a falar antes de ficar frustrado demais, para me comunicar claramente ou manter minhas emoções sob controle. Intencionalmente falo com uma voz calma de liderança, que me ajuda a ficar emocionalmente estável. Isso está fazendo toda a diferença, e sinto que posso dar e receber *feedback* melhor.

Enquanto estávamos escrevendo este capítulo, Mark e nosso filho Austin saíram à noite para um passeio de bicicleta. Quando o sol se pôs, eu (Jill) esperava que eles estivessem prestes a entrar pela garagem. Quando escureceu, mandei uma mensagem para o meu marido dizendo que estava muito preocupada com eles. Ele, finalmente, respondeu que estavam quase em casa. Eu estava preocupada e minha comunicação estava carregada de ansiedade, medo e frustração. Ele poderia facilmente ter me dado uma resposta defensiva. Em vez disso, Mark me desarmou com uma resposta carinhosa, compassiva e gentil.

Não há problema em expressar sua frustração com o outro — essa prática é saudável e gera resiliência no relacionamento. Não é a expressão de frustração, mas sim a *maneira* como você a expressa que faz a diferença na forma como é recebida e como isso afeta o relacionamento. A maneira como comunicamos nossos sentimentos precisa ser consciente; no entanto, tendo cuidado para não envergonhar ou punir nosso ente querido com nosso tom ou nossas palavras. Isso é algo que eu (Jill) tive que trabalhar muito. Meu tom de voz pode gerar certa humilhação, especialmente para um marido que já luta com a vergonha. Ainda não mudei totalmente, mas estou medindo melhor o tom e as palavras que uso.

Não existem casamentos perfeitos

Também é importante mantermos um pouco de controle sobre nossas frustrações. É preciso coragem para lidar com elas, mais cedo ou mais tarde. Se não aprendermos a expressar nossos sentimentos e nossas frustrações de forma saudável, direta e corajosa, acabaremos lidando com eles de forma indireta com sarcasmo, comentários maliciosos, provocações, ressentimentos internos e um rancor injusto. Essas respostas destrutivas geram indiferença e apatia, separando-nos ainda mais uns dos outros.

Quando estamos do lado que recebe a frustração expressa pelo nosso cônjuge, a maneira como respondemos a essa comunicação também faz toda a diferença no mundo. Ao receber *feedback*, minha resposta (Mark) não saudável é da vergonha. Minha mente diz: "Eu não sou o suficiente." Não faço apenas coisas ruins, eu *sou* ruim, e nunca consigo acertar. Isso é a vergonha em si. Minha segunda resposta não saudável é de julgamento em relação a Jill. Eu digo a mim mesmo: "Ela é muito crítica. Nunca consigo fazê-la feliz." Nenhuma dessas respostas é verdadeira.

Ao receber *feedback*, minha resposta (Jill) não saudável é a de culpar. Minha mente é ofuscada pelo orgulho, que diz: "Não sou a única com problema aqui", ou "Não estou errada. Você é que não entendeu". A única maneira de transformar esse cenário é com **humildade**. Hoje em dia, estou demonstrando que Mark foi ouvido, repetindo para ele o que ele disse. Isso permite que eu deixe suas palavras entrarem na minha cabeça e me ajuda a encontrar um jeito de responder sem culpá-lo de tudo. Posso não concordar com todo o *feedback*, mas com a lente da humildade pela qual resolvo olhar, Deus me mostra qual parte é verdadeira e precisa ser abordada.

Eu (Mark) estou trabalhando para permanecer firme em quem sou em Cristo. Quando acusações antigas começam a ressurgir em minha mente, eu as substituo pela verdade que conheço. Reconheço a manobra do inimigo para sussurrar essas mentiras e parei de acreditar

"Eu não estou exagerando!"

nelas. Isso me permite ouvir a comunicação de Jill e reconhecer o valor do que ela está dizendo. Posso não concordar com todo o *feedback* recebido, mas peço a Deus que me mostre o que preciso ouvir e ser responsabilizado.

A maioria de nossas respostas defensivas ocorre porque estamos formulando uma resposta em nossa mente, em vez de ouvir o que está sendo dito. Na verdade, podemos aprender a silenciar esse fluxo constante de contra-argumentos que surge em nossa mente. Isso requer que tomemos o outro caminho da bifurcação – justamente aquele menos percorrido. O destino, definitivamente, vale o esforço, mas exige que aprendamos a reduzir a autodefesa. Aqui estão quatro passos para parar com o comportamento defensivo:

1. Receba o que está sendo transmitido. Você pode até dizer: "Eu ouço o que você está dizendo. Deixe-me pensar um pouco sobre isso." Você não precisa responder mais do que isso, desde que possa se comprometer a realmente pensar e orar sobre o que foi dito e retornar ao seu cônjuge com uma resposta genuína.

É a parte do retorno que deixa a maioria de nós com problemas. Costumamos pensar que, se não fizermos aquilo de novo, nosso cônjuge esquecerá o ocorrido. Não faça isso! Sua integridade está em jogo e seu retorno à comunicação gera confiança em seu relacionamento. Quando Jill e eu temos conversas difíceis, eu (Mark) sempre sinto que tenho um CD girando na minha cabeça que não consegue chegar a uma música. Preciso de algum tempo para pensar sobre o que foi dito. No entanto, aprendi que tenho que ser um homem de palavra, quando peço algum tempo para pensar sobre o que ela comunicou.

2. Comece sua resposta com: "O que eu ouvi você dizer foi..." **E repita o que seu cônjuge disse a você.** Assim como lidar com conflitos, isso ajuda seu cônjuge a se sentir ouvido, independentemente de você concordar com ele ou não. Isso faz com que você se abra ao diálogo e impede que entrem em debate.

3. Pergunte a si mesmo se você está respondendo da mesma forma que antes. Talvez seus pais nunca tenham deixado que você tivesse suas próprias opiniões. Seu cônjuge não é seu pai ou sua mãe, mas essa situação é semelhante. Tenha cuidado para não impor seus sentimentos de uma situação anterior à situação atual. No momento, pode parecer, sentir e cheirar da mesma maneira, mas agora há uma pessoa diferente diante de você – e ela precisa de uma resposta diferente da que você quer dar.

4. Meça suas palavras com uma resposta apropriada. Se você estava errado, peça desculpas e perdão. Se o seu cônjuge tiver chegado a um ponto interessante, mas precisa de outra perspectiva, depois de expressar que ele foi ouvido, continue com: "Veja essa perspectiva que pode ser útil..."

O casamento é um trabalho para a vida toda. É um trabalho sobre o qual estamos constantemente aprendendo. Geralmente, nosso cônjuge é a melhor pessoa para nos dar *feedback*, mas precisamos nos certificar de que estamos emocionalmente saudáveis em relação a como damos e recebemos esse retorno. Quanto mais sintonizados estamos para onde o crescimento é necessário, melhor lidamos com nossas lentes doentias. Quando lidamos com as lentes destrutivas, substituímos o conflito pela conversa e nosso casamento é fortalecido.

"Eu não estou exagerando!"

O *feedback* reflexivo pode ser comparado ao que acontece quando uma empresa ou organização afasta sua equipe do dia a dia e manda todos para um lugar diferente, onde vão poder avaliar seu desempenho, seus erros e acertos e planejar o futuro. Poucos de nós se envolvem nesse tipo de *feedback* em nosso casamento, mas isso pode nos ajudar a olhar para os padrões de relacionamento, estabelecer metas, sonhar e planejar nosso amanhã juntos.

Reserve algum tempo para conversar sobre o seu casamento e se familiarizar com as expectativas e os sonhos do outro. Você pode até mesmo abordar alguns desses tópicos em uma viagem que fizerem juntos. O autor Emerson Eggerichs recomenda fazer exatamente isso. Ele diz que as mulheres gostam de falar cara a cara, enquanto os homens preferem ombro a ombro: em um carro, no sofá, comendo fora ou em sua própria mesa de jantar. Até mesmo lavar pratos lado a lado, muitas vezes, resultará em mais comunicação do que uma conversa cara a cara.

Recentemente fizemos algumas dessas perguntas enquanto estávamos dirigindo. Eu (Jill) descobri que Mark tem muita vontade de fazer um cruzeiro para o Alasca. Eu não fazia a menor ideia desse desejo dele.

Veja o que você pode descobrir com algumas dessas conversas:

Cite dois itens da sua lista de coisas para fazer antes de morrer.
Se você tivesse que dar uma nota ao nosso casamento, qual seria?
O que poderíamos fazer para melhorar essa nota?
O que está pesando no seu coração e pelo que eu posso orar por você?
Como está o nosso ritmo de vida? Muito rápido? Não está ativo o suficiente?
Como estamos nos exercitando? Existe algo que possamos fazer juntos?
Há algum ajuste na área doméstica que precisamos fazer? Divisão de tarefas? Desafios relacionados à criação dos filhos? Comida? Lavar roupa? Limpeza da casa? Compras do mês?

Não existem casamentos perfeitos

Estamos satisfeitos com o tempo que temos juntos como casal?

O que precisamos fazer para mudar isso?

Qual é o objetivo mais importante que você tem para si mesmo no próximo ano?

Qual é o objetivo mais importante que você tem para nós no próximo ano?

O que eu faço que você gostaria que eu fizesse com mais frequência?

O que eu faço que você gostaria que eu fizesse com menos frequência?

Como estamos financeiramente? Há algo que precisamos mudar na administração do nosso dinheiro?

Como estamos espiritualmente? Estamos servindo em nossa igreja e em nossa comunidade de maneira significativa? Estamos crescendo em nossa fé? Existe alguma coisa que podemos fazer para crescer juntos em nossa fé? Podemos orar ou ler a Bíblia juntos de uma maneira nova ou diferente?

Como você se sente a respeito de sua carreira?

O que posso fazer para ajudar você a atingir suas metas?

Como você gostaria que nossa vida fosse daqui a cinco anos? Dez anos? Vinte anos?

Como estamos em relação ao nosso relacionamento com as nossas famílias de origem? Há algum limite que precisamos estabelecer ou reforçar? Precisamos fazer planos para ver a família com mais frequência ou com menos frequência?

O que você mais gosta em nossas escolhas para as férias?

O que você menos gosta sobre nossas escolhas para as férias?

Quais atividades você gostaria que fizéssemos com mais frequência?

Quais atividades você gostaria que fizéssemos com menos frequência?

Como seriam as suas férias ideais?

O que poderíamos fazer para celebrar nosso próximo aniversário de casamento?

Como você prefere comemorar seu próximo aniversário?

"Eu não estou exagerando!"

Há algo especial que gostaríamos de fazer no próximo aniversário de casamento? Devemos começar a planejar ou economizar para isso?

CONVERSAS HONESTAS

Um dos maiores bloqueios para conversas honestas são as respostas defensivas. Por causa disso, a postura defensiva dificulta a intimidade. Ela interrompe a comunicação, empurrando cada um para o seu canto.

O lento desvanecimento da defesa transforma o conflito não resolvido em isolamento. Nós nos recuperamos de um confronto racionalizando de forma privada e internamente porque estamos certos. Muitas vezes não procuramos entender.

Podemos mudar isso com coragem, humildade, perdão e graça. A **coragem** nos ajuda a falar e a dar um *feedback* direto e receptivo ao nosso cônjuge quando estamos frustrados. Em parceria com a **humildade**, a coragem também nos permite ir mais fundo e identificar lugares onde precisamos parar na bifurcação da estrada e abrir novos caminhos para a forma como reagimos. Mais importante ainda, o **perdão** e a **graça** impedem que nosso coração fique cheio de ressentimento. Isso nos permite abrir mão de nossas armas e passar do debate para o diálogo. Mantém nosso coração aberto e disponível para o Deus a quem servimos e a quem amamos.

Não existem casamentos perfeitos

PENSE A RESPEITO

Em que área você está mais defensivo em seu casamento? Você já viu o desvanecimento da defensiva em questões não resolvidas, isolamento e até mesmo separação? Você está pronto para dar um passo para mudar isso até onde depende de você?

Examine o que sua mente diz em relação ao seu casamento. Comece a prestar atenção aos pensamentos negativos que você tem sobre seu cônjuge ou seu relacionamento. Comece substituindo os pensamentos negativos por pensamentos positivos.

FALE A RESPEITO

A principal tirada deste capítulo foi _____
_____

Quando se trata de *feedback* responsivo, posso ver que minha resposta padrão é geralmente _____
_____
_____

Vamos perguntar uns aos outros três das questões reflexivas, hoje.

FALE COM DEUS A RESPEITO

Deus, confesso que nem sempre sou o melhor em receber *feedback* de _____. Quero ouvir para aprender a resistir ao desejo de formular uma resposta defensiva na minha cabeça. Ajude-me a ver quando minhas razões

"Eu não estou exagerando!"

ameaçam fazer mal ao relacionamento. Ajude-me a aumentar meu *feedback* positivo e mostre-me como dar *um feedback* negativo com amor e moderação. Mantenha-me crescendo sempre no Senhor. Ajude-me a responder da maneira que o Senhor quer que eu responda, em vez do jeito que sinto vontade de responder. Em nome de Jesus. Amém.

Verdade do dia: "Mas o Conselheiro, o Espírito Santo, que o Pai enviará em meu nome, lhes ensinará todas as coisas e lhes fará lembrar tudo o que eu lhes disse."
João 14.26

CAPÍTULO 9

CUIDADO COM A *areia movediça*

O LENTO DESVANECER DA INGENUIDADE

Uma mãe jovem conversou comigo depois de uma conferência do ministério *Hearts at Home* (Corações em Casa), onde mais de cinco mil mães se reuniram para um fim de semana maravilhoso de risos, incentivo e educação para o trabalho desafiador de ser mãe. "Você já pensou em ter uma conferência para os pais?", ela perguntou.

Antes que eu pudesse responder, ela continuou: "Há um pai que fica em casa, no nosso bairro, e ele se tornou meu melhor amigo. Levamos as crianças ao parque juntos, fazemos compras juntos e até fazemos o jantar uma vez por mês juntos. Ele é um ótimo sujeito!" Ela continuou a falar, mas meus pensamentos não verbalizados agora ofuscavam suas palavras.

Sirenes, apitos e bandeiras vermelhas estavam fazendo um tumulto dentro da minha cabeça. Eu queria gritar: "Não! Não seja ingênua. Tire a venda dos olhos! Por favor, coloque alguns limites

Não existem casamentos perfeitos

e construa uma barreira de proteção em torno do seu casamento!" Era óbvio que ela não tinha ideia sobre o perigo daquela situação aparentemente inofensiva.

Ingenuidade é, conscientemente, colocar nosso casamento em uma posição de perigo, minimizando a possibilidade de que isso possa levar ao comprometimento do relacionamento. Anos atrás, isso significava ter cuidado para não ficar sozinho com alguém do sexo oposto que não fosse seu cônjuge. Hoje, a mídia social abriu uma nova arena de círculos de relacionamento, onde conexões aparentemente inocentes podem levar a relações não tão inocentes.

Mark e eu passamos muito tempo orientando casais feridos. Aconselhamos os outros com base em nossa própria experiência de "ressurgir das cinzas", quando a ingenuidade alimentou o desvanecimento, a infidelidade ocorreu e nosso próprio casamento parecia sem solução. Muitos dos casais com quem nos encontramos também estão lidando com os danos causados pela infidelidade. A história é sempre a mesma: o cônjuge infiel desenvolve um relacionamento que começou inocentemente. Era alguém para conversar, alguém que ouvia e se importava. Na maioria dessas histórias, a ingenuidade permitiu que a interação acontecesse em primeiro lugar. Então o desvanecimento começou.

Aqui está a nossa história:

Mark: Devo confessar que, durante a maior parte do nosso casamento, Jill sempre se antecipou em tomar decisões para proteger nosso casamento de forma intencional. Embora eu tenha acatado seus pedidos até certo ponto, no fundo me sentia no controle e também achava que as regras colocadas eram ridículas. Enquanto escrevo estas palavras, penso na minha insensatez. Vem à minha mente a ideia de areia movediça, que de longe parece um solo normal e seguro. No entanto, quando um indivíduo pisa ali, começa a afundar. É o mesmo

Cuidado com a areia movediça

com a ingenuidade. Odeio o fato de que precisou acontecer uma tragédia, para eu perceber quão tolo fui em resistir à sabedoria e não colocar limites no lugar, para me proteger e proteger meu casamento.

Jill: Meu compromisso em manter a tentação afastada veio de uma situação que experimentei no início de nosso casamento. Estávamos casados havia cinco anos e tínhamos dois filhos. Mark estava no seminário e eu cuidava de crianças durante o dia e trabalhava no cinema várias noites na semana. Mark e eu estávamos nos encontrando somente quando um chegava e o outro saía – e antes que me desse conta, eu estava gostando das conversas que estava tendo e da atenção que recebia de um homem com quem trabalhava no cinema. A tentação se instalou e percebi o lugar perigoso em que minha cabeça e meu coração estavam entrando. Felizmente, consegui ser honesta com Mark, larguei o emprego e, a partir daí, estabeleci limites predeterminados para manter a tentação sob controle.

> *Nossa natureza humana tem uma maneira de lembrar o que precisamos esquecer e esquecer o que precisamos lembrar.*

Mark: Eu me lembro da noite em que Jill confessou sua atração por seu colega de trabalho. Surpreendentemente, lidei bem com a conversa. Eu estava muito feliz por ela estar sendo honesta. Nós dois conversamos sobre os passos que precisávamos tomar para tirá-la daquele ambiente de tentação, incluindo investir mais em nosso próprio casamento. Se, ao menos, eu pudesse ter trazido essa situação à minha mente tantos anos depois, quando eu enfrentei minha própria tentação... Nossa natureza humana, no entanto, tem uma maneira de lembrar o que precisamos esquecer e esquecer o que precisamos lembrar.

Vinte e três anos depois, quando eu estava chegando ao meu quinquagésimo aniversário, minha vida interior deu uma afundada. Em todas as áreas da minha vida – no ministério, no meu trabalho, no casamento e no meu relacionamento com Deus –, eu não me sentia como se fosse "bom o suficiente". Parecia que eu estava aquém de todas as relações que tinha. Fiquei desapontado, frustrado, esgotado. Eu tinha deixado o pastorado para que Jill e eu pudéssemos nos dedicar mais ao ministério, e até isso parecia não estar funcionando como eu imaginava que estaria. Eu estava com raiva e cheguei à conclusão de que a única maneira de acabar com aquele sentimento era desistir de tudo.

Eu estava cansado de tentar ser o que todo mundo queria que eu fosse. Estava cansado de tentar ser o que Jill queria – e cansado de tentar ser o que Deus queria. Era tudo impossível, e eu era um homem sem nenhuma esperança. Ser ingênuo quando você tem tanto tumulto dentro de si mesmo, é ainda mais perigoso e volátil. Eventualmente, parti de conversas inocentes para um assunto emocional e, dali, para um envolvimento físico. Eu estava disposto a terminar meu casamento e começar uma nova vida. Dizia a mim mesmo que as crianças ficariam bem. Elas seriam resilientes. Sobreviveriam. Eu já tinha secretamente arrumado um apartamento semanas antes. Saí pela porta me sentindo livre, no entanto, mais tarde percebi que era uma falsa sensação de liberdade. Veja bem, eu estava indo embora, mas ainda me levava comigo.

Jill: Eu sabia que Mark estava lutando consigo mesmo, mas eu não tinha ideia da confusão que estava em sua mente e em seu coração. Sem grades de segurança autoimpostas, as redes sociais abriram as portas para o início de um relacionamento ilícito.

Mark: Meu desvanecimento da ingenuidade começou com uma autoindulgência, do tipo "Isso não vai prejudicar ninguém" (**ingenuidade**) para uma justificativa tipo "Eu mereço isso. Preciso relaxar um pouco" (**racionalizar**). O passo seguinte foi pensar que outro relacionamento podia ser a resposta" (**compromisso**). Esse é um retrato da vida real de Tiago 1.14-15: "Cada um, porém, é tentado pela própria cobiça, sendo por esta arrastado e seduzido. Então a cobiça, tendo engravidado, dá à luz o pecado; e o pecado, após ter-se consumado, gera a morte." Meu desejo equivocado levou ao pecado, que levou à morte. Não uma morte física, mas uma morte emocional, espiritual e do meu relacionamento.

Jill: Nós eliminamos a ingenuidade com a **sabedoria**. É nosso trabalho proteger nosso casamento. Atualmente, estou totalmente comprometida com a sabedoria da responsabilidade. Se preciso ir a uma reunião de negócios ou a um almoço de trabalho com um homem, peço a outra pessoa que venha junto. Como os e-mails chegam de homens e mulheres cujos relacionamentos estão feridos, traçamos a seguinte estratégia: Mark responde aos homens e eu, às mulheres.

Mark: Hoje em dia, estou abraçando a sabedoria. Sou um empreiteiro que está frequentemente nas casas das pessoas durante o dia. Eu me esforço para que outro membro da equipe esteja comigo, enquanto estou trabalhando na casa de alguém. Quando preciso viajar, peço a um amigo que vá comigo. Também não estou mais no Facebook. Admito que sinto falta, mas minha família é importante demais para arriscar a tentação. Quando desconsiderei as grades de segurança saudáveis e fui atraído pela rede social, eu não estava aceitando a sabedoria que recebi para proteger meu casamento. Existe um inimigo que está lá fora, pronto para roubar e destruir. Ele nos atrai para cair em nossas tentações, que se tornam decisões de devastação. Abrace a sabedoria, proteja seu casamento e lembre-se de quem é o verdadeiro inimigo.

MIRAGENS DA ALMA

Todos nós as vimos em um dia quente. À frente, parece que há uma camada de água na estrada. À medida que nos aproximamos, percebemos que não há água nenhuma. É uma miragem, causada pelo calor misturado com a luz de determinada maneira.

Todos nós experimentamos miragens da alma de alguma forma. Dizemos a nós mesmos: "No outono, quando os meus filhos estiverem na escola, vou limpar todos os armários." Ou: "No mês

Não existem casamentos perfeitos

que vem, vou me sentar com meu cônjuge por alguns minutos todas as noites, depois que as crianças forem dormir." Ou: "Quando nos casamos, eu sabia que tinha encontrado minha alma gêmea. O que aconteceu?", nos perguntamos. Por fim, sucumbimos: "Estou cansado desse relacionamento. Vou buscar essa outra pessoa, porque somos feitos um para o outro."

Essas miragens, como as que vemos na estrada, são meras ilusões. Parecem verdadeiras e possíveis, mas na vida real elas realmente não existem ou não podem acontecer da maneira que esperávamos. As miragens da alma são as mentiras que dizemos a nós mesmos. Algumas miragens da alma são fantasias – elas não existem – e outras são, simplesmente, expectativas irreais: coisas que existem, mas não no nível que esperamos em nossa mente.

As miragens da alma fazem parte do lento desvanecimento da ingenuidade. Elas nos deixam decepcionados, contribuem para nossa tendência a racionalizar e, com muita frequência, abrem o caminho para o perigo. Como eu (Mark) compartilhei anteriormente, costumo ter muito idealismo em mim. Quando expectativas irreais se juntavam à ingenuidade, eu estava em apuros e precisava, desesperadamente, usar minhas ferramentas de Deus. Eu gostaria de ter usado essas ferramentas cinco anos atrás. Hoje, pode apostar que as uso.

Nunca vou esquecer o olhar no rosto do meu filho mais novo quando eu disse que estava indo embora. O olhar de choque, horror, devastação e traição ainda me assombra quando penso nisso hoje. Veja bem, eu disse uma mentira a mim mesmo: a de que meus filhos ficariam bem se eu fosse embora. Eu disse a mim mesmo que eles entenderiam. Era uma miragem da alma. Aqui está uma perspectiva da nossa filha mais velha, Anne:

Peguei o telefone pensando que era uma ligação normal do meu pai. Conversamos por um minuto e então ele me deu a notícia. Foi uma

Cuidado com a areia movediça

conversa rápida. Ele compartilhou que havia saído de casa e que, se eu tivesse alguma dúvida, ele ficaria feliz em respondê-la mais tarde, mas que precisava ligar para os meus irmãos agora. Ele não mencionou o caso extraconjugal. Só disse que estava "farto" de tudo.

Mamãe me ligou alguns minutos depois e nós apenas choramos. Ela me perguntou se papai compartilhou o motivo que o levou a ir embora, e contei a ela as razões que ele me deu. Ela, então, disse: "Eu dei a ele a oportunidade de ser honesto com você, e não posso mais protegê-lo." Então, fiquei sabendo sobre o outro relacionamento. Senti um embrulho no estômago. Minha família sempre foi uma fonte de estabilidade, e agora tudo estava desmoronando ao meu redor.

Honestamente, nós, os filhos, sabíamos havia algum tempo que papai estava passando por dificuldades. Ele estava diferente. Nós sempre falávamos sobre como papai não era mais o mesmo. Meu pai sempre foi atencioso, sábio e perspicaz. Era ele quem eu procurava se quisesse ser ouvida ou discutir sobre algum assunto. Mas ele não estava mais assim de forma constante, permanecia distante e distraído. Logo, sabíamos que ele estava passando por algo, não tínhamos ideia da magnitude de tudo aquilo.

Lutei com o meu papel na situação. Eu era casada e estava grávida do meu segundo filho. Morava a quatro horas de distância e estava afastada da situação, mas a decepção e as lágrimas ainda eram as mesmas.

No fim de semana seguinte, todos os irmãos voltaram para casa. Foi muito estranho, triste e difícil. Era como se faltasse um pedaço da gente. E não só isso – minha filha Rilyn, que tinha quase dois anos na época, estava muito confusa. Ela ficava perguntando: "Onde está o vovô?" Como alguém responde isso a uma criança de dois anos? Eu estava com raiva porque meu pai nos havia colocado nessa posição de ter que lidar com as consequências. Não só para nós, mas também para nossa filha.

Matt e eu pedimos a meu pai que nos encontrasse para conversar. (Posso apenas dizer que odiei ter que agendar um horário com meu pai?) Nunca orei tão fervorosamente por alguém. Eu ficava perguntando a

Não existem casamentos perfeitos

Deus: "O que faço aqui? Devo confrontá-lo? Ou devo simplesmente amá-lo durante esse processo?" Eu estava muito nervosa e ansiosa. Como agir naquela situação? Assim que lhe dei um abraço, soube que precisava ser franca e honesta com ele. Eu estava muito grata pela paz que Deus me deu quando começamos a conversar.

Eu disse a ele que ainda o amava, mas estava desapontada e magoada. Quanto mais conversávamos, mais evidente era que o homem sentado à minha frente não era meu pai. O homem que eu via diante de mim estava cansado, endurecido, distorcido e egoísta. E, enquanto ele pensava que esse novo relacionamento e o que chamava de nova vida eram a resposta, eu sabia que não era.

Quando a conversa terminou, eu disse que, no fim das contas, ainda queríamos ter um relacionamento com ele. Eu ainda queria que meus filhos convivessem e conhecessem meu pai no meio disso tudo. Mas, seria com alguns limites, o que incluía não ir ao seu novo apartamento e ser cauteloso com Rilyn. Marcamos um horário para ele ir até a minha casa e ver Rilyn no dia seguinte. Essa interação foi difícil. Foi difícil ver meu pai entrar em sua própria casa como um convidado. Era difícil dizer "oi" e "tchau" em tão pouco tempo. Foi difícil explicar tudo isso a Rilyn. "Por que o vovô está indo?", perguntava, com todo direito de não entender. Era difícil ver meu pai abraçar Rilyn com lágrimas nos olhos. Isso tudo foi muito difícil.

Três de nós éramos casados e vivíamos longe de casa, enquanto dois de meus irmãos ainda moravam na casa de meus pais. No meu caso, consegui me separar um pouco da situação por causa da distância. Não posso nem imaginar as emoções que meus irmãos sentiram. Não posso falar por eles, mas para mim ainda era incrivelmente difícil passar por isso como uma criança adulta.

Cinco anos depois, sou muito grata pelas escolhas que meu pai fez. Ele escolheu a Deus. Ele escolheu minha mãe. Ele escolheu a família. A crise da meia-idade certamente prejudicou todas as nossas relações familiares. Eu diria que estamos muito mais conscientes da dinâmica de relacionamento agora. Certamente, o episódio me fez mais consciente disso em meu próprio casamento. Mais do que tudo, aprendi que o amor é mais do que um sentimento – é uma série de escolhas e compromissos.

Ler essas palavras de Anne é muito difícil para mim (Mark). Gostaria, de todo o coração, que tivesse feito escolhas diferentes e que tivesse lidado com meus problemas de maneira diferente. Sou grato por como Deus redimiu a fragmentação que causei em nossa família. Agora sei, no entanto, que minha certeza de que Jill e eu éramos "incompatíveis", que "o novo relacionamento seria melhor" e que "as crianças ficariam bem" eram todas miragens da minha alma. Elas eram mentiras do inimigo nas quais acreditei cegamente.

CONSTRUINDO BARREIRAS

Temos um caminho de árvores ao longo do lado oeste da nossa casa de campo. Os antigos proprietários, sabiamente, plantaram-nas para funcionar como uma cerca de proteção contra os ventos que sopram nos milharais no centro de Illinois. Essas árvores servem como uma imagem visual de um outro tipo de cerca de proteção que precisamos plantar em nossa vida: uma barreira em torno de nosso casamento.

No dia em que dizemos "Sim", temos total pretensão de cumprir as promessas que fazemos. Mas o casamento é um trabalho árduo, e nossos sentimentos vão e voltam com os altos e baixos da vida. Quando nossa vida tem um ritmo rápido, nosso cônjuge é menos atencioso ou nosso casamento é colocado em segundo plano, podemos facilmente entrar em um modo em que pensamos que, talvez, a grama do vizinho seja mesmo mais verde.

Nenhum casamento está imune à tentação. As cercas são decisões antecipadas que tomamos para protegê-lo. Elas mantêm a tentação longe, interrompem a ingenuidade e elegem a relação matrimonial

Não existem casamentos perfeitos

como prioridade. Vejamos algumas barreiras específicas que todos precisamos erguer em torno do nosso casamento.

Barreira #1: Evite passar tempo desnecessário com alguém do sexo oposto. Por exemplo, se você estiver interessado em serviços de um personal trainer na academia, escolha alguém do mesmo sexo. Você está simplesmente sendo sensato em não se colocar em um lugar onde esteja sempre sozinho, com alguém do sexo oposto. Muitos casos começaram com o ato "inofensivo" de correr à noite juntos. Se o seu cônjuge não puder participar dessa atividade com você, faça-a sozinho, com um amigo do mesmo sexo ou com um grupo – ou, simplesmente, não faça.

E se você tivesse uma amizade com alguém do sexo oposto antes de se casar? Então, passem tempo juntos em ambientes familiares. Quando você disse "Aceito", seu cônjuge e a proteção de seu casamento passaram a ter prioridade em relação àquela sua amizade pré-matrimonial. Se eu (Jill) tiver que enviar uma mensagem, um e-mail ou ligar para outro homem por qualquer motivo, aviso ao Mark previamente. Recentemente, meu marido contratou uma arquiteta para a sua empresa de reformas. Antes, contudo, veio até mim e falou sobre as cercas que estava construindo. Quando nossos filhos eram pequenos, eu, e não Mark, era quem levava as babás para casa. Todas essas decisões tomadas conscientemente não têm nada a ver com insegurança em nosso relacionamento. Elas protegem nosso coração e o das pessoas do sexo oposto com quem entramos em contato.

Barreira #2: Compartilhe com cuidado. Se você está compartilhando com alguém coisas sobre o seu casamento ou sobre si mesmo que não compartilha com o seu cônjuge, isso é uma bandeira vermelha que serve de alerta para que você não se aproxime mais. Nem todas as traições são físicas – um caso emocional é tão prejudicial quanto um adultério consumado. Quanto mais compartilhamos e nos consolamos, mais começamos a construir um vínculo emocional. Embora a simpatia compartilhada pareça um conforto necessário, ela se torna uma situação perigosa que pode levar a uma atração mútua. Então, o que já era um casamento difícil se torna insuportável, quando comparado com a intimidade e a atração recém-descobertas.

Barreira #3: Permaneça em locais públicos amplos. Decida por não encontrar com ninguém do sexo oposto sozinho, mesmo no local de trabalho. Se o seu colega de trabalho do sexo oposto perguntar se ele ou ela pode almoçar com você, peça a uma terceira pessoa para se juntar a vocês também. Se necessário, explique o limite que você e seu cônjuge concordaram em colocar em torno de casamento. Você pode até servir de exemplo.

Barreira #4: Não seja ingênuo. A maioria das pessoas que se envolve em traição não se propõe a ter um caso. A infidelidade geralmente começa com uma relação inocente com alguém do sexo oposto que, com o tempo, se transforma em uma conexão emocional que nos incita a cruzar a linha da fidelidade. O desvanecimento acontece em qualquer casamento. Contudo, não entender a realidade desses sentimentos e não fazer nada sobre eles é ingenuidade.

Barreira #5: Invista mais em casa. Nenhum casamento é projetado para durar a vida inteira, se deixado em segundo plano. Casamentos sólidos são construídos quando ambos os cônjuges passam tempo juntos, riem juntos e se divertem juntos. Se você ainda não está namorando o seu parceiro, marque encontros para os próximos meses e torne esse momento juntos uma prioridade. Em seguida, *cumpra o planejado*! Muitas coisas "urgentes" surgirão. Não morda a isca! Não há nada mais urgente do que proteger seu casamento.

Não existem casamentos perfeitos

Muitos pais também são ingênuos sobre investir no casamento, quando os filhos são pequenos. É claro que é complicado encontrar alguém para cuidar das crianças, e muitas vezes não há muita sobra no orçamento para os encontros ou pagar uma empregada. No entanto, cuidar de seu casamento é tão importante quanto cuidar de seus filhos. Cuidar do seu casamento é uma das melhores estratégias de criação de filhos disponíveis para você. Não seja ingênuo de pensar que você terá tempo só para vocês dois, depois que as crianças saírem de casa – simplesmente, até lá pode não haver mais um casamento no qual investir se esperar tanto tempo.

Barreira #6: *Entre no mundo do seu cônjuge.* Mark adora quando eu (Jill) paro um pouco para ver o trabalho de reforma que ele está fazendo para um cliente. E adoro quando ele vai comigo para uma de minhas palestras. Não estou particularmente interessada em reforma de casas, mas estou interessada em meu marido. Meu marido já foi me assistir centenas de vezes, e ele, definitivamente, poderia estar fazendo outra coisa mais interessante do que ir comigo em mais uma viagem. No entanto, Mark escolheu ficar envolvido no meu mundo, como uma maneira de investir e proteger nosso casamento.

Barreira #7: *Adicione diversão ao seu relacionamento.* Mark me disse (Jill) uma vez que eu não sabia flertar. Ele gosta particularmente de flertar por mensagem. Admito que eu era terrível nisso, até descobrir um aplicativo chamado Bitmoji! É um aplicativo gratuito do meu celular, que me permite enviar desenhos para o meu marido que se parecem comigo e dizer coisas divertidas como "Pensando em você" ou "Você é um gato". Não é um aplicativo cristão e, ocasionalmente, alguns dos desenhos podem conter uma ou duas palavras picantes. Mas, definitivamente, ele me ajudou bastante a melhorar meu flerte!

Cuidado com a areia movediça

Você também pode colocar um bilhete na mochila do seu parceiro, bolar uma caça ao tesouro de bilhetes românticos ou ligar inesperadamente na hora do almoço para dizer que o ama ou que, simplesmente, pensou nele. Lembre-se de que, às vezes, as pequenas coisas, na verdade, são grandiosas – e a diversão em um casamento é uma pequena coisa que pode fazer uma grande diferença!

Barreira #8: Compartilhe a tentação com seu cônjuge. Na mesma linha de pensamento, certifique-se de que seu cônjuge se sente seguro para compartilhar tentações com você. Se você explodir de raiva ou tristeza quando seu cônjuge se abre, fechará a porta para uma conversa honesta no futuro. Na noite em que eu (Jill) compartilhei com Mark sobre minha atração por meu colega de trabalho, ele permaneceu calmo e fez perguntas. Fiquei muito grata. Algo poderoso acontece quando retiramos nossa tentação da escuridão e a trazemos para a luz. Muitas vezes, essa atitude enfraquece o apelo do proibido. Quando iluminamos a tentação e a admitimos, ela se atenua e, muitas vezes, os sentimentos que a motivaram desaparecem. Um casal que eu (Jill) conheço, decidiu não continuar uma amizade com outro casal porque a esposa achava o marido da outra atraente e não queria lidar com a tentação. Ela foi honesta, e ele permitiu que fosse honesta. Felizmente, ele não levou sua declaração para o lado pessoal, e eles decidiram juntos que era melhor não prosseguir com aquela amizade.

Barreira #9: Sem segredos. Não existe uma boa razão para manter um segredo do seu cônjuge. Não há segredos sobre para onde o dinheiro vai, onde você esteve e o que realmente está se passando em sua cabeça e em seu coração. Se você está escondendo alguma coisa, isso deve ser um sinal de que algo precisa mudar. Honestidade e vulnerabilidade são essenciais para proteger o seu casamento.

Não existem casamentos perfeitos

Barreira #10: Preste atenção aos períodos de maior vulnerabilidade. Eu (Jill) lembro quando minha amiga Becky me disse, cerca de duas semanas depois que Mark saiu de casa: "Jill, você precisa ter muito cuidado. Você está em um momento bastante vulnerável emocionalmente e precisa se certificar de que não cairá em tentação, agora que está sozinha." Sou muito grata por suas palavras sábias. Não haviam se passado nem duas horas, entrei no Facebook e um antigo namorado do colégio me procurou. Se você acha que é coincidência, não tenha tanta certeza. Isso é a guerra espiritual, e eu não estava disposta a cair na armadilha do inimigo.

Seu cônjuge está doente? Viajando muito? Você está lidando com uma crise em sua família? Esses são momentos em que você está cansado, talvez desanimado e, provavelmente, se sentindo um pouco desconectado do cônjuge por causa das circunstâncias da vida. Pois saiba que esses são períodos de alta vulnerabilidade, em que você precisa aumentar a chama em seu próprio casamento.

Barreira #11: Preste atenção aos seus pensamentos. Quando tudo o que você pensa são nas falhas de seu cônjuge, qualquer outro homem ou outra mulher certamente parecerá melhor. Se você se pegar tendo pensamentos destrutivos sobre o seu cônjuge, trabalhe para mudar isso. Faça uma lista dos pontos fortes que, inicialmente, o atraíram nele. Com isso, aumente o incentivo e diminua as críticas em relação a ele.

Barreira #12: Não jogue o jogo da comparação. Somos todos humanos. Todos nós cometemos erros, temos maus hábitos e comportamentos irritantes. Quando comparamos um "novo amigo" ao nosso cônjuge, é uma comparação injusta, porque não estamos vendo-os em uma realidade de estar sob o mesmo teto, cuidando de crianças às três da madrugada ou perdendo o sono por causa das contas do mês. Portanto, evite fazer comparações injustas. É aqui que temos que enfrentar as miragens da alma que não nos mostram a verdade.

Barreira #13: *Comunique suas necessidades ao seu cônjuge.* Em uma das casas dos meus (Mark) clientes, o livro *Cinquenta tons de cinza* estava em sua mesa de centro. Comentei sobre o livro e a cliente me disse com toda a inocência: "Mark, no fundo, toda mulher quer ser mandada. Todo mundo acha que este livro é sobre sexo, mas ele é sobre liderança." Ela continuou dizendo que as mulheres se cansam de liderar e carregar todo o peso. "Eu sou atraída por homens que lideram", confessou. Fiquei muito surpreso com a sua opinião sobre o livro. Mas, ainda assim, ela caiu na categoria de ingenuidade, já que estava, ingenuamente, usando uma história de ficção para alimentar seu próprio desejo interior de ser liderada por seu marido. Eu me perguntei se ela já havia comunicado esse desejo diretamente a ele. Quando nos comunicamos diretamente, em vez de trabalhar para satisfazer nossas necessidades de maneira indireta, estamos, na verdade, criando uma proteção em torno de nosso casamento. Mesmo que nosso cônjuge não responda de forma positiva, podemos saber que fizemos a coisa certa ao nos comunicarmos.

Barreira #14: *Comunique-se de forma transparente, atenciosa e responsável com seu cônjuge.* Não é um sinal de falta de confiança para o casal se um monitorar o outro. Ao contrário – é um ato de gentileza e um esforço intencional. Seu cônjuge sempre tem necessidade de saber o que você está fazendo. Se você estiver atrasado, ligue e informe a ele. Se você vai parar na loja a caminho de casa, envie uma mensagem rápida, avisando-o. Se o chefe marcou uma reunião inesperada, seu cônjuge deve ser o primeiro a saber. Quando ficamos sabendo das coisas depois, podemos ficar frustrados ou, pior ainda, desconfiados. A comunicação é uma forma de cortesia com o seu cônjuge, mas também mantém a sua intimidade emocional como prioridade.

Barreira #15: Fique longe de pornografia e de filmes e livros eróticos. Ver pornografia é uma traição por si só. Pornô leve, na forma de romances eróticos, e até mesmo alguns filmes para maiores de 18 anos, podem ser igualmente perigosos. A pornografia tira nossa mente do nosso cônjuge, estabelecendo expectativas irreais. Ela corrói o contentamento. Pornografia é viciante e pode se tornar um ídolo em nossa vida. Quando lutava contra a pornografia em diferentes épocas do meu casamento, isso alimentou meu descontentamento e colocou expectativas irrealistas sobre Jill. Nosso sexo não era bom o suficiente, divertido o suficiente, frequente o suficiente – e nada era suficiente quando a pornografia estava estabelecendo o padrão.

Os homens são atraídos pela pornografia por causa de nossa própria motivação interior e pela necessidade de ser desejado. Eles anseiam que a mulher os busque, queira, precise e esteja disponível para eles. Esse desejo nos homens se torna uma fantasia que causa um afastamento sorrateiro no casamento. É um processo que, se não enfrentado, só aumenta com o tempo. Buscar pornografia e acreditar que isso não vai machucar ninguém, é muito ingênuo. (Nota de Mark: Se a pornografia é um grande problema em sua vida e você fala inglês, considere participar de um workshop da _Every Man's Battle_ (A batalha de todo homem). Eu participei e achei muito útil! Clique em www.newlife.com/emb)

Barreira #16: Preste atenção àquilo com que você alimenta a sua mente. Alguns casais decidem, de antemão, não assistir a nenhum filme que tenha infidelidade na história. Outros optam por não assistir a filmes com classificação etária de 18 anos, devido ao seu conteúdo sexual.

Cuidado com a areia movediça

Anos atrás, eu (Jill) assisti ao filme *As pontes de Madison*. O longa se passa em 1965 e conta a história de Francesca (Meryl Streep), uma mãe que não está satisfeita em seu casamento. Enquanto o marido e os filhos viajam por alguns dias, ela conhece o fotógrafo Robert (Clint Eastwood). Robert pede indicação de rota para chegar às pontes cobertas que ele esperava fotografar, e Francesca decide levá-lo até lá. Eles conversam, compartilham sobre a vida deles e acabam tendo um caso de quatro dias. Naquela narrativa típica das produções do gênero, havia a sugestão de que a vida daquela mulher era em preto e branco e que, após o caso, ganhou cores. Eu estava em casa sozinha, porque Mark estava viajando, e nosso casamento estava em um período difícil. Lembro-me de, depois de assistir àquele filme, ter racionalizado em minha mente: "O marido não prestou atenção nela. Francesca merecia um pouco de amor." Então, eu me dei conta e percebi o que estava fazendo. A partir dali, decidi que teria mais cuidado com o que eu escolhia para assistir e ler.

Muitos de nós somos ingênuos sobre os livros que lemos, os filmes a que assistimos e como eles nos afetam. Inocentemente, pegamos um livro ou escolhemos um filme para nos entreter, sem perceber que essas histórias podem facilmente causar ou alimentar o descontentamento em nosso casamento. Cenas românticas de sexo em filmes ou livros podem nos levar a pensar: "Não é assim no meu casamento...". Então, de repente, nosso casamento normal e real é comparado a uma tórrida paixão, cujos protagonistas são meros atores interpretando um enredo.

Barreira #17: Preste atenção com quem você gasta tempo. Se você gasta muito tempo com alguém que é muito crítico com o próprio cônjuge, acabará afetado. Se você tem um amigo que é paquerador, você será afetado. Se você passa muito tempo com alguém que não vive a vida proposta por Deus, isso afetará você. Precisamos ser luz para um mundo escuro – então, essa barreira não é sobre não interagir com descrentes. É, no entanto, uma chamada para se perguntar se a sua amizade com essa pessoa é boa para o seu casamento ou não.

Barreira #18: Busque a verdade. Vivemos em um mundo em que parece valer tudo e que o que é certo depende de como nos sentimos. Não foi assim que Deus criou as coisas. Ele nos deu a sua palavra para determinar o que é certo e errado – não para nos limitar, mas para nos proteger!

Continue lendo a Bíblia. A sabedoria combate a ingenuidade. As Sagradas Escrituras estão cheias de sabedoria com a qual precisamos, desesperadamente, nos encher. Nosso objetivo precisa ser nos tornarmos mais parecidos com Jesus a cada dia. A única maneira de podermos fazer isso, é passar tempo com Deus e aprender mais sobre as decisões contrárias, e muitas vezes impopulares, que Jesus tomou quando viveu nesta Terra.

Barreira #19: Amor e respeito o tempo todo. Se você não falaria algo ou não usaria determinado tom em público, não faça dessa maneira em casa. Geralmente, usamos nosso melhor comportamento quando estamos perto de outras pessoas. Deus não nos diz para amar quando nos sentimos assim. Ele não diz que o respeito é opcional e somente merecido, quando o nosso cônjuge faz as coisas direito. Ele nos diz para amar e respeitar uns aos outros, e ponto final. Essa barreira pequena, mas importante, protege o coração terno de nosso cônjuge.

Barreira #20: Instale um filtro de internet. Você não precisa procurar a tentação. Hoje em dia, você pode tropeçar muito facilmente nelas. Não seja ingênuo. Instale um filtro de internet, para evitar que os tropeços aconteçam com você ou com seus filhos. Usamos um filtro e os instalamos em todos os nossos computadores. Também estão

Cuidado com a areia movediça

disponíveis filtros para celulares, embora nunca tenhamos usado. Existem também *softwares* que enviam para outra pessoa uma cópia periódica do histórico de um celular ou computador.

Um marido que conhecemos e que lutava com sua atração pela pornografia, decidiu remover o navegador de internet do seu celular. E, já que estamos falando de tecnologia, as senhas nunca devem ser mantidas em segredo. Se você tem algo que não quer que seu cônjuge veja, provavelmente isso é uma indicação de que você não deveria estar envolvido nessa situação. Ambos os parceiros de um casamento devem estar completamente à vontade, para que seu cônjuge veja qualquer conta de mídia social, mensagens de texto, e-mails ou outras formas de comunicação. Essas são decisões sábias para manter a tentação afastada.

Barreira #21: Procure ajuda. Busque encorajamento mesmo nos bons tempos. Encontre alguém – um conselheiro, um casal mais idoso ou um pastor – com quem você possa conversar sobre as pequenas coisas hoje. Se o seu casamento está passando por dificuldades, a resposta não é outro relacionamento. Buscar ajuda é um sinal de força, não de fraqueza. Um mentor ou terapeuta cristão que honre seus valores em relação ao casamento e ao comprometimento, pode fornecer uma perspectiva valiosa e ajudar a definir novas estratégias para seu relacionamento superar as dificuldades.

A palavra de Deus nos diz, em Tiago 1.14-15: "Cada um, porém, é tentado pela própria cobiça, sendo por esta arrastado e seduzido. Então a cobiça, tendo engravidado, dá à luz o pecado; e o pecado, após ter-se consumado, gera a morte." Tentação, sedução, cobiça, pecado, morte: esses são os passos da infidelidade. Por causa disso, temos que estabelecer limites que nos impeçam de entrar em situações em que o primeiro passo – a tentação – possa ser dado.

Não existem casamentos perfeitos

Quando a cerca viva foi instalada em nossa propriedade, cada árvore foi plantada individualmente. À medida que as árvores cresciam em tamanho e força, elas trabalhavam juntas para proteger nossa casa do clima e do vento. Cada barreira que plantamos em torno do nosso casamento fará o mesmo. Cada vez que tomamos uma decisão antecipada para proteger nosso matrimônio, estamos dando um passo importante para construir um casamento que é marcado pela fé e apto a durar uma vida inteira.

PEGUE SUA CAIXA DE FERRAMENTAS

Eu (Mark) escutava enquanto alguém que vamos chamar de Todd, compartilhava sobre o seu próprio casamento e confessou um caso que teve durante muitos meses. Como vendedor externo de uma grande empresa, ele viaja bastante por causa do seu trabalho. Quando disse que as oportunidades para a felicidade estavam em toda parte na estrada, perguntei-lhe quais limites ele tinha posto em prática para proteger seu casamento e a si mesmo. Sua primeira resposta foi o quanto seria constrangedor colocar limites sobre si mesmo ao viajar. Achei sua resposta interessante, porque ele tinha acabado de chorar sobre o seu caso e, ainda assim, não estava disposto a colocar limites. Todd precisava de coragem. Ele precisava estar disposto a ser chamado de "antiquado", ou mesmo "ridículo", por causa de seu casamento. Ele precisava estar disposto a enfrentar a pressão de outros representantes de vendas externos. Fazer o que é certo nem sempre é fácil.

Para mim, minha relutância em colocar limites era totalmente por orgulho. Eu acreditava que poderia fazer o que quisesse sem qualquer comprometimento potencial. Racionalizei que era forte e maduro o suficiente, a ponto de não ser afetado. Eu não precisava de limites. Como Todd, pensei: "O que vão dizer de mim?" E isso, meu amigo, é orgulho.

"Eu posso fazer isso sozinho!" Sim, isso é orgulho também.

Cuidado com a areia movediça

"Ninguém faz isso!" Orgulho, novamente.

Eu tinha tanto orgulho correndo nas minhas veias que precisava me livrar disso. Mas, sinceramente, não percebi que era orgulho. Veja bem, eu confundia meus pensamentos e minhas decisões como confiança. Durante a maior parte da minha vida, não tive confiança. Não me sentia como se "fosse suficiente", e minha autoestima sofria. Isso alimentou minha passividade. De repente, eu estava de pé sobre meus próprios pés. Ali estava eu, fazendo meu próprio caminho. Eu estava dizendo a mim mesmo: "Estou farto da vida antiga! Estou assumindo o controle e seguindo em frente." Parecia que eu estava experimentando a confiança pela primeira vez em muito tempo. O que eu estava experimentando, no entanto, era o orgulho camuflado como confiança. Qual é a diferença? O orgulho nunca diz: "Sinto muito." A confiança diz: "Sinto muito. Você me perdoa, por favor?"

O orgulho isola e não aceita contribuição. A confiança procura a sabedoria dos outros.

O orgulho se eriça quando a correção é dada. A confiança recebe *feedback*. O orgulho diz: "Eu sei o caminho." A confiança diz: "Deus sabe o caminho."

O orgulho diz: "Estou fazendo as coisas do meu jeito." A confiança diz: "Estou fazendo as coisas do jeito de Deus."

O orgulho diz: "Olhe para mim." A confiança diz: "Veja o que Deus está fazendo!"

O orgulho está enraizado em mentiras. A confiança se fundamenta na verdade.

Deus diz melhor em Provérbios 11.2: "Quando vem o orgulho, chega a desgraça, mas a sabedoria está com os humildes." E Provérbios 16.18 assevera: "O orgulho vem antes da destruição; o espírito altivo, antes da queda." Precisamos desesperadamente de **humildade** para demolir a fortaleza do orgulho em nosso coração.

Não existem casamentos perfeitos

A **sabedoria** é a terceira ferramenta necessária para lidar com a ingenuidade. Outra palavra para ingenuidade é tolice. Lembro-me de inúmeras histórias em que homens que eu (Mark) já aconselhei disseram: "Eu era tão ingênuo"; ou "Eu fui tão tolo. Eu não queria que chegasse a este ponto!" Para construir barreiras, atacar as miragens da alma e permanecer firme, requer sabedoria.

Hoje, eu (Mark) estou vivendo uma verdadeira confiança enquanto mantenho meus olhos em Jesus. Não significa que a vida seja fácil. Nesta semana, enfrentei alguns grandes desafios como proprietário de uma empresa. O velho Mark teria acreditado em mentiras e corrido atrás de miragens. Só que o novo Mark está lutando para permanecer firme com humildade, sabedoria e coragem.

Podemos ser ingênuos sobre cada um dos desvanecimentos que exploramos: expectativas não realistas, conflitos, defesa, minimização e não aceitação. Começamos com uma emoção ou um pensamento que acreditamos ser inofensivo. Então racionalizamos e, antes de nos darmos conta, nos expomos ao perigo. Não podemos baixar a guarda quando se trata de proteger nosso casamento!

Proteja seu coração contra a distração, não se colocando em situações de oportunidade. Proteja sua mente da tentação, escolhendo o que você assiste e lê. Proteja sua família do desgosto, permanecendo focado em seu casamento e sua família. Aquilo que receber a sua energia é o que crescerá, curará e florescerá. Dê ao seu casamento seu melhor investimento – não suas sobras. Comprometa-se, hoje mesmo, a proteger seu coração, sua mente e seu matrimônio.

Cuidado com a areia movediça

PENSE A RESPEITO

E você? Existe algum lugar onde você está sendo ingênuo em seu casamento? Você está racionalizando? Encontra-se perto demais do perigo? Quais "miragens da alma" você está seguindo? Onde você precisa aplicar humildade, coragem ou sabedoria hoje?

FALE A RESPEITO

A principal tirada deste capítulo foi _____
_____

Olhando para as barreiras listadas neste capítulo, as cinco mais importantes para mim neste momento são _____
_____
_____

Quando se trata de ingenuidade, percebo que a ferramenta que mais preciso usar é _____
_____
_____

FALE COM DEUS A RESPEITO

Senhor, confesso que sou ingênuo e não levei a sério proteger meu casamento. Onde tenho vontade de racionalizar, ajude-me a valorizar a sabedoria. Onde tenho medo de ser ridicularizado por estabelecer limites, me dê coragem. Onde não quero me esforçar muito para fazer a coisa certa, me dê humildade para saber que não sou imune à tentação e mostre-me como evitá-la. Quando me

Não existem casamentos perfeitos

deparar com ela, ajude-me a correr na direção oposta. Mais do que tudo, mostre-me como continuar cultivando a grama em meu próprio quintal. Em nome de Jesus. Amém.

Verdade do dia: "Vigiem e orem para que não caiam em tentação. O espírito está pronto, mas a carne é fraca." MATEUS 26.41

CAPÍTULO 10

NU, MAS NÃO *envergonhado*

O LENTO DESVANECER DE EVITAR EMOÇÃO

Na área em que trabalho, é necessário investir em equipamentos modernos. Com base na tecnologia de geração de imagens térmicas, é possível ver onde o calor está escapando devido à falta de isolamento, por exemplo. Outros instrumentos nos permitem localizar antigas estruturas corroídas dentro das paredes. Esses instrumentos também ajudam a saber o local exato das fiações e dos encanamentos. Obviamente, isso é uma grande ajuda na reforma.

Não seria mais simples se houvesse no casamento uma ferramenta semelhante, que pudéssemos usar para coletar informações sobre os outros? Poderíamos, simplesmente, examinar nosso cônjuge e ver todas as experiências, as lembranças, as emoções, os pensamentos, os temperamentos e os traços de personalidade que compõem a pessoa que ele é. Claro que isso não existe – e, mesmo se você pudesse escanear e obter informações, isso não significaria que seria capaz de falar sobre

Não existem casamentos perfeitos

isso. Curiosamente, uma das melhores definições de intimidade que já ouvimos é "ver dentro do outro". Parece um pouco com esses equipamentos de reforma, não é?

Um coração cauteloso causa desconexão e distância emocional. Temos que aprender a ser abertos, honestos e vulneráveis com nosso cônjuge, descobrindo nossos pensamentos e sentimentos mais profundos. Dependendo de como as emoções foram tratadas em nossa família de origem, podemos ter mais dificuldade nessa área. Aqui está a nossa história:

Mark: Como sou sensível, sempre desejei uma conexão emocional mais profunda com Jill. Eu queria conhecê-la por dentro e por fora, consolá-la quando ela estivesse triste, tranquilizá-la nos momentos em que se sentisse insegura e encorajá-la sempre que necessário. Eu queria que ela *precisasse* de mim para fazer todas essas coisas.

Jill: Sempre fui forte, independente, firme e segura. Raramente preciso de alguma coisa – emocional ou fisicamente (sim, isso provavelmente tem algo a ver com o fato de eu ainda estar contente com meu papel de parede verde em nossa cozinha há quase vinte anos). Como uma pessoa racional, eu não era particularmente emotiva. Na verdade, não estava realmente "sintonizada" com meus sentimentos. Eles não guiavam meu pensamento. Eles não me ajudavam a tomar decisões. Eu acreditava que, no fundo, esses sentimentos não importavam. Apenas os fatos tinham importância.

Mark e eu começamos a alternar a forma como usávamos nossas sessões de terapia. Nas minhas, comecei a investigar por que desconsiderei meus sentimentos por tanto tempo. Identificamos vários pontos na minha vida em que a mentira de que os sentimentos não importam foi implantada.

Ser uma pessoa racional é muito interessante no mundo dos negócios. Como líder e, particularmente, alguém que viveu a vida aos

Nu, mas não envergonhado

olhos do público como esposa de pastor e depois, como fundadora e CEO da *Hearts at Home*, isso também funcionou muito bem. Onde não funcionou tão bem foi em casa, nos meus papéis de esposa e mãe. Meu lento desvanecimento de evitar emoção com um coração cauteloso (reservado, relutante em compartilhar ou ser aberto emocionalmente) levou a uma desconexão no relacionamento que resultou em distância emocional. Como você muda isso? Com vulnerabilidade. Isso é assustador para uma "evitadora" como eu.

Mark: Foi nessa época que Jill e eu começamos a ler um livro intitulado *How We Love* (Como nós amamos), dos Yerkovich. Conforme ela compartilhou no início do livro, Jill se identificou com o amor evitador, um dos cinco estilos que eles discutiram naquela obra. Esse livro foi transformador para nós. Foi muito difícil para Jill aprender a se abrir, mas foi muito legal o fato de ela tentar, e então comecei a ver que ela realmente precisava de mim. Também percebi quanta pressão havia colocado sobre ela, para que mudasse de forma tão grande. Eu estava, simplesmente, forçando-a e exigindo que ela fosse alguém que não era, e isso não é amor de jeito nenhum.

Jill: Dei um grande passo numa manhã pouco depois de Mark voltar para casa. Eu estava encorajando uma amiga que estava passando pela mesma situação que eu. Seu marido a havia deixado por outra mulher. Nós orávamos, mandávamos mensagens e encorajávamos uma a outra durante esse período escuro de nossa vida. No entanto, a história dela não estava terminando como a minha. Seu marido nunca voltou para casa. Na manhã em que a realidade se tornou evidente para aquela mulher, ela me mandou uma mensagem. Eu estava na cozinha quando li o texto, e meu coração ficou tão partido pela minha amiga que desatei a chorar.

Mark estava sentado na sala, a um quarto de distância de onde eu estava. Eu queria subir e chorar nos meus aposentos. Foi isso o que fiz nos primeiros quarenta e oito anos da minha vida e nos primeiros

Não existem casamentos perfeitos

vinte e nove anos do meu casamento. Mas eu sabia que essa era a minha oportunidade de fazer algo diferente. Era hora de aplicar o que eu estava aprendendo.

De maneira relutante, entrei na sala, mostrei a mensagem a Mark e, em seguida, deitei em seu colo e chorei tudo o que tinha para chorar. Foi uma experiência nova para mim, mas foi um passo prático que tomei para mudar ativamente como eu agia em nosso relacionamento. Com o passar dos anos, aprendi que, às vezes, você tem que se esforçar para chegar a uma nova normalidade. Fiz isso naquele dia, e estou muito feliz por ter feito, porque ser vulnerável com Mark está começando a ser o normal para mim.

Eu estava muito grato por Jill estar confiando a mim o seu coração.

Mark: Eu estava muito grato por Jill estar confiando a mim o seu coração. Eu a abracei e soube que ela havia assumido um risco, e queria que ela se sentisse segura e protegida em expor suas necessidades. Esse momento foi incrível para mim. Ela se entregou e foi lindo! Eu estava absolutamente satisfeito com suas ações.

Jill: Mark fez com que fosse seguro sair da minha zona de conforto. Os evitadores ficam desconfortáveis quando expõem seus pensamentos e sentimentos – e se você for um evitador que também é introvertido e um processador interno como eu, é três vezes mais difícil!

Quando seu cônjuge luta contra a vulnerabilidade, é extremamente importante que você esteja presente e seja reconfortante, fazendo poucas perguntas, mas apenas deixando claro que você pode ser confiável, em relação ao que ele estiver compartilhando.

Mark: Estamos finalmente começando a experimentar a intimidade emocional que sempre desejei que tivéssemos. Levamos mais de trinta anos, mas estamos finalmente chegando lá!

NU, MAS NÃO ENVERGONHADO

Foi um breve momento de céu na terra. Deus havia acabado de criar Adão e Eva e eles estavam vivendo no jardim do Éden. A Bíblia nos diz que ambos estavam nus e não sentiam vergonha (Gênesis 2.25). Foi um momento significativo de vulnerabilidade na história da humanidade!

Estar nu um com o outro – física e emocionalmente – é a maneira como Deus nos criou para ser. Isso é fundamental para a forma como fomos desenhados e é alicerce para o nosso relacionamento com Deus e com nosso cônjuge. Fez sentido, então, quando eu estava na Conferência de Liderança da Willow Creek e ouvi o autor, palestrante e pesquisador Brené Brown dizer que "a vulnerabilidade é o berço de tudo o que ansiamos". Proximidade. Intimidade. Ser ouvido. Amar e ser amado. A existência humana começou quando o primeiro casal esteve nu, física e emocionalmente, diante um do outro.

Então chegou a cobra, e é aí que nossas lutas com a vulnerabilidade começam. Satanás rastejou para dentro do jardim, disfarçado, como se ele pertencesse àquele lugar, e sussurrou uma mentira básica para Eva, contra a qual ainda lutamos hoje: *As coisas que são proibidas por Deus nos fazem realizados e nos satisfazem, ao mesmo tempo que lhe dão controle e alívio da dor emocional.* Você pode lembrar desta maneira: *Onde Deus diz não, Satanás diz: vá.* É por isso que temos tantos ídolos nesta vida: pessoas, comida, álcool, controle, pornografia... A lista continua. Ainda estamos acreditando nessa mentira inicial de que Deus não nos deu tudo o que precisamos.

Deus disse a Adão e Eva que eles poderiam comer de qualquer planta no jardim, exceto de uma árvore. As mentiras de Satanás levaram Eva a questionar as orientações divinas. Por fim, ela e Adão comeram do fruto proibido, acreditando que isso lhes daria mais do que já possuíam. Depois que caíram na mentira, eles viram que estavam nus e sentiram a necessidade de se cobrir e controlar a situação.

Não existem casamentos perfeitos

A *mentira* de não ter o suficiente gerou o *medo* da nudez, que causou a *ilusão* de controle.

Mentiras nos impedem de expressar vulnerabilidade. *Ele nunca vai me querer se souber que sou danificada. Ela nunca me perdoará se eu disser o que fiz. Ele não pode amar essa parte fraca de mim que ainda luta contra isso. Ela não vai me respeitar se souber sobre essa parte do meu passado.* Essas mentiras mantêm a vulnerabilidade enterrada profundamente em nossas inseguranças. Elas impedem a honestidade de acontecer.

O medo nos priva da vulnerabilidade. *Tenho medo de que ela vá embora se eu for honesto. Tenho medo de parecer fraca. Estou com medo de que ela perca todo o respeito por mim. Tenho medo de que ele pense menos de mim. Receio que isso seja grande demais para ser perdoado. Receio que fique mais difícil antes de melhorar. Estou tão envergonhado.* O medo nos impede de ter a intimidade que desejamos. Se escondemos a verdade, impedimos o real de acontecer.

As ilusões nos impedem de ser vulneráveis. *Vou entrar neste site por alguns minutos... ninguém vai saber. Se eu disser apenas parte da verdade, ela nunca descobrirá o resto. Sou forte e independente, não preciso de ninguém. Estou feliz do jeito que sou, não preciso mudar.* As ilusões nos dão uma ideia falsa de que temos tudo sob controle. Elas nos fazem acreditar que encobrir e proteger a nós mesmos, é o jeito certo de funcionar.

Quando trabalhamos para parar de evitar a emoção, também estamos interrompendo a infecção do vírus da perfeição em nosso casamento. Lembre-se de que o vírus da perfeição nos infecta quando temos expectativas irrealistas de nós mesmos e dos outros e quando nos comparamos injustamente aos outros. Esse vírus nos mantém presos em correntes de perfeição, em vez de sermos livres em autenticidade.

A verdadeira intimidade envolve conhecer e ser conhecido em toda a nossa imperfeição. Ela requer **humildade** para abandonar as ilusões e ver as coisas como elas realmente são; **sabedoria** para enfrentar as mentiras; **coragem** para superar o medo; **compaixão** para tornar seguro para o seu cônjuge ser honesto com você; **aceitação** para ser capaz de abraçar a sua realidade confusa e a do seu cônjuge; o **perdão** para lidar com as decepções; a **graça** para abraçar a humanidade compartilhada; e o **amor** para suportar, acreditar, esperar e aguentar todas as coisas que você sente ao passar de tentar "ser perfeito" para "ser aperfeiçoado" e mais parecido com Cristo a cada dia.

A ARTE DE SER HUMANO

Quando eu (Mark) era mais novo, morava a dois quilômetros de um autódromo. Eu amava corridas e ia aos treinos, às qualificações e, muitas vezes, às provas. Certa vez, um torcedor pulou o alambrado e correu pela pista até ser escoltado pela segurança. É possível que você esteja supondo que estamos sugerindo que você precisa se despir e ficar nu na pista do seu casamento! Bem, a nudez emocional torna a física muito melhor, e nós queremos os dois para cada casal – contudo, aprendemos que é melhor começar a fortalecer seu músculo de vulnerabilidade aos poucos. Escolha duas ou três dessas etapas práticas para começar a se conectar de uma forma mais profunda:

Compartilhe sobre seu dia. Não apenas o que aconteceu, mas como você se *sente* sobre o que aconteceu. Pergunte ao seu cônjuge sobre o seu dia e como ele se sente sobre isso.

Abra seus olhos durante o ato sexual. Abra os olhos e realmente olhe nos olhos do seu amado. Pode parecer estranho, mas não volte atrás! Siga em frente. Conforme você abraça seu jeito desajeitado, você cria um novo normal para você!

Resista à vontade de bloquear rapidamente sentimentos desconfortáveis. Aprenda a encarar a dor. Sinta-a, não se apresse para curá-la. Responda a si mesmo e ao seu cônjuge com declarações empáticas como "Sinto muito" ou "Isso deve ter sido muito doloroso".

Não existem casamentos perfeitos

Prepare o seu cônjuge para ouvir. Comece a compartilhar: "Estou aprendendo a exercitar meu músculo da vulnerabilidade, então vou dividir com você algo que me assusta"; ou "Compartilharei meus sentimentos sobre isso e só preciso que você escute. Por favor, não dê ideias para tentar melhorar". Isso ajuda seu cônjuge a identificar que você está entrando em território desconhecido.

Peça ajuda. Pare de bancar o mártir e faça com que suas necessidades sejam conhecidas! Faça isso usando solicitações assertivas, em vez de indiretas passivo-agressivas. Mesmo que seu cônjuge não responda com ajuda, você ainda estará aprendendo a se sentir confortável na zona de vulnerabilidade de ter necessidades.

Quando você diz "Eu aceito", você se liga a outro ser humano.

Resista ao desejo de revelar informações em camadas. Esse é um padrão comum quando vamos "confessar" algo que nosso cônjuge merece saber. No entanto, isso torna o processo de cura mais longo e dificulta ainda mais a construção de confiança. Em vez disso, seja completamente honesto com o que você precisa compartilhar. Resista à vontade de compartilhar 50% agora e mais informações depois.

Veja seu cônjuge. Veja-o de verdade. Olhe além das palavras e observe como ele realmente parece estar se sentindo.

Abrace o conceito de "humanidade compartilhada". Resista aos sentimentos de constrangimento e lembre-se de que vocês dois estão aprendendo a navegar na experiência humana.

Pare de pensar que você é "independente" para abraçar o fato de que você é "interdependente". Quando diz "Eu aceito", você se liga a outro ser humano.

Atualize o significado da vulnerabilidade como uma força. Muitos de nós pensamos em ter necessidades, compartilhar medos e ter emoções como uma fraqueza, quando na verdade é uma força.

Nu, mas não envergonhado

Pare de dar respostas evasivas. Quando nos recusamos a nos abrir, nos desligamos ou nos distanciamos em vez de pedir o que precisamos. Isso nos afasta de vez, ao invés de aproximar um do outro.

Enfrente as mentiras da vergonha e da insegurança. Elas roubam você de ser confiante em compartilhar o seu verdadeiro eu. A rejeição é real, mas muitas vezes também é percebida quando olhamos para os relacionamentos através das lentes da vergonha e da insegurança.

"MDP"

A primeira vez que eu (Jill) vi o termo MDP ser usado foi quando nosso filho Evan o utilizou em um texto de Ação de Graças. Ele havia se mudado recentemente para a Califórnia e estava sem dinheiro para voltar para casa no feriado. Nós lhe enviamos fotos de nossa celebração e dissemos que sentíamos a falta dele. Ele escreveu de volta dizendo que ele tinha um caso ruim de "MDP". Perguntei o que era aquilo e ele respondeu: **M**edo **D**e **P**erder.

Pensei nessa frase desde então e cheguei à conclusão de que, para parar de evitar emoções, acho que precisamos de um pouco de medo saudável de "ficar de fora" em nosso casamento. *Se eu não compartilhar como realmente estou me sentindo ou contra o que estou lutando, o que vou perder em nosso casamento? Se eu não for honesto com meu parceiro, que intimidade vou evitar que aconteça em nosso relacionamento? Se eu mantiver essa parede, meu cônjuge será cada vez mais tentado a encontrar conexão em algum outro lugar? Se eu continuar em autossuficiência, como meu cônjuge saberá que realmente preciso dele? Se resisto em ficar nu emocionalmente, o que vamos perder por não enfrentar as coisas difíceis da vida juntos?*

Essas são perguntas que precisamos desesperadamente nos fazer. Elas nos motivam a empreender as mudanças que precisamos realizar. Elas nos inspiram a passar de um modelo 1.0 de medo de ser vulnerável, para um modelo 2.0 corajoso, honesto e aberto de nós mesmos,

Não existem casamentos perfeitos

quando aprendemos que o risco e o resultado valem a pena. Essas perguntas nos estimulam a ter **coragem**, compartilhando nossos medos, nossas necessidades e nossas feridas. Quando temos medo de perder tudo o que o casamento oferece, ficamos inspirados a acabar com o disfarce e a remover nossas máscaras para sempre. Quando podemos fazer isso, podemos verdadeiramente experimentar a liberdade de sermos reais juntos!

PENSE A RESPEITO

E você? Você se sente emocionalmente desconectado do seu cônjuge? Você é aquele que evita os sentimentos? O que você pode fazer para se tornar mais vulnerável? O que você pode fazer para tornar mais seguro para o seu cônjuge ser vulnerável?

FALE A RESPEITO

A principal tirada deste capítulo foi _____

_____

Olhando para os passos práticos para fortalecer o músculo da vulnerabilidade, os dois que eu gostaria de experimentar são _____

_____

Depois de ler este capítulo, percebo que, para aumentar a vulnerabilidade, preciso usar mais minha ferramenta de ____

_____

Nu, mas não envergonhado

FALE COM DEUS A RESPEITO

Senhor, eu não tinha ideia de que estava guardando todas as minhas emoções. Permiti que o medo me impedisse de compartilhar todo o meu eu com _____. Ajude-me a reconhecer as mentiras em que tenho acreditado. Dê-me coragem para superar o medo de ser honesto. Mostre-me como ser seguro para _____ ser honesto(a) comigo, respondendo com amor e graça em vez de raiva e crítica. Pai, eu até tentei me esconder do Senhor. Ajude-me a precisar mais do Senhor, confiar mais no Senhor e tornar-me mais semelhante ao Senhor todos os dias. Em nome de Jesus. Amém.

Verdade do dia: "Portanto, confessem os seus pecados uns aos outros e orem uns pelos outros para serem curados. A oração de um justo é poderosa e eficaz."
Tiago 5.16

CAPÍTULO 11

CONTENTAMENTO, LIBERDADE
E *esperança*

Quase todas as manhãs, desde a nossa série de dez dias do blog *No More Perfect Marriages* (Não existem casamentos perfeitos), há um novo e-mail em nossa caixa de entrada pedindo oração, encorajamento e esperança, vindos de um marido ou de uma esposa desesperados que enfrentam uma crise no casamento. Às vezes, há dois ou três. Na maioria das vezes, a história inclui traição – mas, de vez em quando, é só o estrago que os lentos desvanecimentos fazem e levam um deles a declarar: "Eu não te amo mais."

Casamento é difícil. Não há dúvidas sobre isso. Todos os casais experimentam tempestades e calmarias. O bom é muito bom e o ruim pode ser muito, muito difícil. Mesmo sem crise, a mesmice da união do dia a dia faz com que cada um de nós queira desistir em algum momento ou outro.

Se nos firmarmos em Deus, aprenderemos a abraçar esse belo

Não existem casamentos perfeitos

trabalho em andamento. Entenderemos melhor que só podemos mudar a nós mesmos. Vamos abraçar a realidade de que nossas frustrações mais profundas são um convite importante para nos confrontarmos e olharmos para as nossas próprias coisas. Descobriremos que fazer do nosso jeito não é tão importante quanto encontrar o caminho de Deus. E se ficarmos comprometidos, veremos que a realidade do casamento é muito mais rica e muito mais gratificante do que jamais poderíamos imaginar!

RENOVAÇÃO RELACIONAL

Acabamos nossa cozinha exatamente uma semana antes de terminarmos este livro. O papel de parede verde (lembra dele?) foi substituído por uma tinta de cor chocolate. A velha bancada de revestimento de cerâmica deu lugar a um quartzo creme, salpicado de castanho. Nossos antigos armários parecem novos, agora que foram pintados e envidraçados e tiveram molduras adicionadas a eles. A porta verde da garagem e a nossa ilha verde dão um toque de cor. A parede que derrubamos agora abriu nossa escada, que ostenta carpete nos degraus e tinta nos tirantes. Dedicamos muito trabalho e recursos a essa transformação. Quando entramos lá, mal pudemos acreditar que é a mesma cozinha!

Na verdade, a cozinha que fizemos é uma representação visual bastante precisa do nosso casamento. Removemos camadas e camadas de lixo que estavam acumuladas, consertamos partes quebradas e colocamos uma nova camada de compaixão e amor em nosso relacionamento. Derrubamos paredes emocionais e abrimos nosso coração um para o outro. Por fim, livramo-nos do que não é mais necessário e adicionamos novos móveis relacionais onde eram necessários. Colocamos muito trabalho e tempo nessa transformação. Às vezes, mal podemos acreditar que somos as mesmas pessoas.

Claro que as coisas difíceis não desapareceram. Ainda estão lá,

Contentamento, liberdade e esperança

mas estamos lidando com elas de forma diferente. E os desvanecimentos? Eles também estão lá. Estamos, apenas, enfrentando-os mais rápido do que costumávamos fazer. Não chegamos à perfeição, e nem você chegará, salvo no dia em que conseguir sua promoção para o céu. Pois, então, Deus usará o casamento para amadurecê-lo. Você se familiarizará mais com as ferramentas dadas pelo Senhor e as usará mais rapidamente. Até certo ponto, no entanto, você sempre lutará entre "o que você sente vontade de fazer" e "o que Deus quer que você faça". É isso o que acontece quando Deus amadurece ou aperfeiçoa a sua vida.

> *É a natureza do relacionamento. Naturalmente nos afastamos – a menos que trabalhemos para ficar juntos.*

MANUTENÇÃO REGULAR

Os desvanecimentos ainda encontram uma forma de entrar em nosso casamento e também no seu. É a natureza do relacionamento. Naturalmente nos afastamos – a menos que trabalhemos para ficarmos juntos.

Da mesma forma que nossa cozinha precisará ser mantida e cuidada, nosso casamento exigirá tempo, energia e esforço para impedir que os desvanecimentos reapareçam. As expectativas irrealistas se infiltrarão quando nos esquecermos de comunicar nossos anseios e desejos uns com os outros. Se desconsiderarmos o que nosso cônjuge está comunicando ou se negligenciarmos comunicar o que estamos sentindo, a minimização acontecerá. A não aceitação ganhará terreno quando um de nós tentar mudar o outro. A discordância aparecerá quando esquecermos que é mais importante fazer o certo do que estar certo. Quando somos tentados a debater em vez de dialogar, temos que deixar intencionalmente de ficar na defensiva, porque inevitavelmente essa vontade se infiltra quando estamos cansados, orgulhosos ou recorremos a velhos hábitos. A ingenuidade irá

Não existem casamentos perfeitos

invariavelmente aparecer quando um ou ambos negligenciarem em proteger o casamento. É claro que, certamente, haverá momentos em que seremos tentados a esconder algo do outro – e é aí que começamos a evitar a emoção.

Por mais que sejam semelhantes, há uma grande diferença entre a reforma de nossa cozinha e a reconstrução de um casamento. As ferramentas de construção que passaram dez meses em nossa cozinha estão, agora, guardadas e ficarão fora de nossa vista por um bom tempo. Contudo, as ferramentas de Deus que usamos para a nossa reforma do casamento, ainda são muito visíveis. Na verdade, nós as usamos todos os dias. Usamos a **coragem** toda vez que somos tentados a voltar a formas antigas e doentias de nos relacionarmos. A **graça** é usada quando nos deparamos com as imperfeições um do outro. O **perdão** entra em ação quando decepcionamos um ao outro. A **humildade** nos lembra que somos imperfeitos e humanos e que o casamento é, realmente, nossa humanidade compartilhada. A **sabedoria** nos mantém crescendo, aprendendo e buscando a verdade. A **aceitação** nos ajuda a voltar ao nosso começo com a declaração de que "Eu te amo exatamente como você é". A **compaixão** é usada quando precisamos construir uma ponte para a realidade um do outro. E o **amor** é o que empregamos quando precisamos escolher ser pacientes, amáveis, gentis e, às vezes, até mesmo longânimes uns com os outros.

Essas respostas cristãs permitem o fracasso. Elas abraçam a autenticidade. Quebram as correntes de expectativas irreais e comparações injustas. Por fim, elas reconhecem que estamos, ambos, no processo de aperfeiçoamento.

Quanto mais usamos nossas ferramentas dadas por Deus e trabalhamos para interromper nossos desvanecimentos, mais sentiremos *contentamento*. Descobriremos, então, que não estamos tão sozinhos quanto às vezes pensamos. Vamos perceber que a grama do vizinho realmente não é mais verde e, então, vamos abraçar nosso cônjuge de

Contentamento, liberdade e esperança

carne e osso e nosso casamento real.

Também vamos encontrar *liberdade*. A liberdade de sermos nós mesmos. A liberdade de crescer, mudar e amadurecer. A liberdade de ser real um com o outro. E a liberdade encontrada em Jesus Cristo, enquanto abraçamos sermos aperfeiçoados.

Finalmente, vamos experimentar a *esperança*. Esperança para sobreviver a duros períodos. Esperança de que Deus possa fazer seu melhor trabalho por intermédio dos cacos de nossa vida. Esperança de que, com a ajuda de Deus, um casamento desfeito possa ser restaurado e um bom casamento possa se tornar ótimo.

Não há relacionamentos perfeitos, mas há um Deus que quer nos "aperfeiçoar" por meio dessa coisa chamada casamento. Quando isso acontece, experimentamos a liberdade de sermos reais juntos!

APÊNDICE A

INVENTÁRIO DE SISTEMA OPERACIONAL *pessoal*

Este teste ajuda você a determinar suas características de "sistema operacional" que são discutidas no capítulo 6. (Nota: Este questionário também está disponível online, em inglês, em www.NoMorePerfectMarriages.com)

Para cada característica que compõe nossa personalidade, há algumas questões de avaliação em grupos de dois. Leia cada pergunta e determine qual declaração melhor descreve você. Se nenhuma das duas se aplica perfeitamente a você, escolha aquela que mais se aproxima de descrevê-lo.

Depois de concluir todas as perguntas de avaliação, transfira seus resultados para as páginas 229-231. Em seguida, projete onde você está no espectro. Por exemplo, se houver sete perguntas e você conseguir 1 quatro vezes e 2 três vezes, você estará em algum lugar perto do centro do espectro ou ligeiramente à esquerda dele. Se houver sete perguntas e você obtiver 1 apenas uma vez e 2 seis vezes, você se concentrará na extremidade direita do espectro.

Mais 1   **Mais 2**

Entender onde está no espectro, ajuda você a compreender se esse é um forte traço de personalidade ou uma característica pessoal menos pronunciada.

Você pode fazer uma avaliação de característica de cada vez e voltar para o capítulo 6, para ler sobre esse traço e como isso afeta seus relacionamentos. Pode, ainda, fazer a avaliação inteira de uma vez e depois voltar e ler sobre todos os seus traços de personalidade e como eles afetam seu casamento. Se o seu cônjuge estiver disposto a fazer o inventário, você deve concordar que ele o faça. Isso permitirá que você descubra diferenças e tenha discussões que lhe vão consentir lidar bem com elas.

Avaliação de perguntas para o traço de personalidade nº 1 *(relacionadas à forma como você processa as informações):*

1) Quando estou tentando decidir algo, penso em todas as opções.
2) Quando estou tentando decidir algo, preciso processar com alguém.

1) Eu penso, penso e penso um pouco mais.
2) Eu falo, falo e falo um pouco mais.

1) Às vezes, esqueço de contar ao meu cônjuge que estou pensando ou planejando algo.
2) Meu cônjuge sempre sabe o que estou pensando.

Apêndice A – Inventário de sistema operacional pessoal

1) Em um ambiente de grupo, provavelmente não vou entrar e começar a discussão.
2) Em um ambiente de grupo, provavelmente serei o primeiro a compartilhar meus pensamentos.

1) Costumo organizar o que vou dizer antes de falar.
2) Começo a falar e deixo as palavras seguirem seu curso.

1) Se eu tiver uma necessidade, guardo para mim e tento encontrar minhas próprias soluções.
2) Se eu tiver uma necessidade, ligo e peço a alguém que me ajude a pensar sobre isso.

1) Às vezes, esqueço de contar aos outros os detalhes de uma atividade.
2) Às vezes, os outros ficam irritados com a quantidade de informação que compartilho com eles.

de 1 _____
de 2 _____

Avaliando perguntas para o traço de personalidade # 2 *(relacionadas ao modo como você é emocionalmente reabastecido):*

1) Prefiro conversas cara a cara.
2) Prefiro conversas em grupo.

1) Prefiro conversas por mensagens de texto.
2) Prefiro falar ao telefone ou pessoalmente.

1) Gosto de solidão.

Não existem casamentos perfeitos

2) Amo uma grande festa.

1) Gosto de trabalho que me permita total imersão, com poucas interrupções.
2) Prefiro a atividade intensa e trabalhar em um ambiente em grupo.

1) Gosto de comemorar aniversários em pequena escala, com apenas alguns familiares e amigos.
2) Gosto de festança e casa cheia quando faço aniversário.

1) Tenho um hobby.
2) Tenho vários hobbies.

1) Sou reabastecido ficando sozinho.
2) Sou reabastecido estando com pessoas.

de 1 _____
de 2 _____

Avaliando perguntas para o traço de personalidade # 3 *(tem a ver com sua capacidade física e emocional):*

1) Prefiro manter meu cronograma simples e gerenciável.
2) Meu calendário está cheio – cheio demais, às vezes.

1) Eu queria muito ter mais energia.
2) Raramente estou com pouca energia.

1) Só posso me concentrar e lidar com algumas coisas de cada vez.

Apêndice A – Inventário de sistema operacional pessoal

2) Posso lidar com muitas coisas simultaneamente e executar diversas tarefas ao mesmo tempo facilmente.

1) Sou cuidadoso com o quanto digo sim aos outros, porque conheço meus limites.
2) Às vezes, parece que estou fazendo a maior parte do trabalho em casa ou em grupo do que os outros.

1) Amo não fazer nada de vez em quando.
2) Sempre há algo que precisa ser feito.

1) Amo ouvir meu cônjuge.
2) Amo ajudar meu cônjuge a fazer alguma coisa.

1) Luto com o pensamento de que deveria estar fazendo muito mais.
2) Esqueço de desacelerar e apenas sair com a família sem uma agenda.

de 1 _____
de 2 _____

Avaliando perguntas para o traço de personalidade # 4 *(tem a ver com como você organiza as coisas):*

1) Sou um organizador, não um acumulador.
2) Sou, mais frequentemente, um acumulador – e quase nunca um organizador.

1) Tenho uma lista de tarefas que me mantém organizado.
2) Uso *post-its* para tudo.

Não existem casamentos perfeitos

1) Amo a tranquilidade que a ordem traz.
2) Eu me sinto confortável com um ambiente de lar bagunçado e imperfeito.

1) Sei onde estão as coisas. Não tenho que vê-las para me lembrar delas.
2) Se não vejo algo, posso esquecer que tenho. (O que não é visto não é lembrado.)

1) Prefiro não ter quase nada na minha mesa de trabalho ou na bancada da cozinha em casa.
2) Gosto de deixar um monte de coisas na minha mesa ou na bancada da cozinha.

1) Tudo tem um lugar – nosso papel é, simplesmente, colocar as coisas em seu devido lugar.
2) Às vezes, não sei o que fazer com todas as minhas coisas.

1) Gosto de armazenar coisas em caixas com rótulos indicativos do lado de fora.
2) Tenho uma "gaveta de tudo", e é ali que encontro o que estou procurando.

de 1 _____
de 2 _____

Avaliando perguntas para o traço de personalidade # 5 *(tem a ver com como você gerencia seu tempo):*

1) Dificilmente uso uma agenda.
2) Não posso viver sem minha agenda!

Apêndice A – Inventário de sistema operacional pessoal

1) Geralmente não tenho um plano para o meu dia. Espero para ver como estou me sentindo.
2) Tenho o dia seguinte já preparado na minha cabeça.

1) Se alguém me dá uma sugestão para fazer algo, eu aceito.
2) Se alguém me dá uma sugestão para fazer alguma coisa, posso ter dificuldade em fazer a mudança de planos em minha mente.

1) Muitas vezes, vou ao mercado e esqueço algo que eu precisava, porque minha lista é um pouco desorganizada e pode estar no verso de um guardanapo.
2) Ocasionalmente me esqueço de algo que preciso no mercado, mas não com muita frequência, porque tenho uma lista muito detalhada que uso enquanto faço compras.

1) Eu adoraria aproveitar mais eventos, exposições e feiras, mas sempre acabo esquecendo deles.
2) Se houver algo que eu queira fazer, como exposições, feiras e eventos em geral, isso estará no meu calendário e vou planejar minha presença com antecedência.

1) Espontaneidade e eu somos como café e leite.
2) Espontaneidade e eu somos como óleo e água.

de 1 _____
de 2 _____

Não existem casamentos perfeitos

Avaliando perguntas para o traço de personalidade # 6 *(tem a ver com a sua preferência por pensar ou sentir):*

1) Quando preciso tomar uma decisão, levo em consideração todos os fatos.
2) Quando preciso tomar uma decisão, sigo muitas vezes meu pressentimento sobre aquilo.

1) Se decidir fazer um projeto, eu o termino, não importa o que eu sinta.
2) Se decidir fazer um projeto, eu trabalho nele quando tiver vontade.

1) Meu cônjuge me disse que sou insensível.
2) Meu cônjuge me disse que sou muito sensível.

1) Se alguém me pergunta como me sinto sobre algo, muitas vezes não sei responder.
2) Se alguém me pergunta como me sinto sobre algo, geralmente sou capaz de descrever minhas emoções.

1) Sentimentos não importam; apenas os fatos importam.
2) Sentimentos importam... E muito!

1) Às vezes, não entendo sinais sutis e não verbais.
2) Sou muito perspicaz em ler as entrelinhas sobre como alguém está se sentindo.

1) Tenho a tendência de acreditar que devemos "seguir em frente" quando as coisas ficam difíceis.
2) Sinto de maneira profunda tanto a minha dor quanto a dor dos outros.

Apêndice A – Inventário de sistema operacional pessoal

de 1 _____
de 2 _____

. . . .

Traço de personalidade # 1

de 1 _____
de 2 _____

Se você tiver mais vezes 1, provavelmente é uma pessoa de processamento interno. Se você tiver mais 2, é provável que seja uma pessoa de processamento externo.

Então, onde você está no espectro? Desenhe uma linha e trace onde você está:

Mais 1 **Mais 2**

⬅————————————————————➡

Traço de personalidade # 2

de 1 _____
de 2 _____

Mais 1 – Você, provavelmente, é mais introvertido.
Mais 2 – Você, provavelmente, é mais extrovertido.

Então, onde você está no espectro? Desenhe uma linha e trace onde você está.

Mais 1 **Mais 2**

⬅————————————————————➡

Não existem casamentos perfeitos

Traço de personalidade # 3

\# de 1 _____

\# de 2 _____

Se você tiver mais 1, provavelmente será uma pessoa com capacidade média-baixa.

Se você tiver mais 2, provavelmente será uma pessoa de média e alta capacidade.

Então, onde você está no espectro? Desenhe uma linha e trace onde você está.

Mais 1   **Mais 2**

⬅——————————————————————————➡

Traço de personalidade # 4

\# de 1 _____

\# de 2 _____

Se você tiver mais 1, quando se trata de organização, você é "para dentro".

Se você tiver mais 2, quando se trata de organização, você é "para fora".

Então, onde você está no espectro? Desenhe uma linha e trace onde você está:

Mais 1   **Mais 2**

⬅——————————————————————————➡

Apêndice A – Inventário de sistema operacional pessoal

Traço de personalidade # 5

\# de 1 _____

\# de 2 _____

Se você tiver mais 1, provavelmente é espontâneo.
Se você tiver mais 2, provavelmente é estruturado.

Então, onde você está no espectro? Desenhe uma linha e trace onde você está.

Mais 1   **Mais 2**

Traço de personalidade # 6

\# de 1 _____

\# de 2 _____

Se você tiver mais 1, provavelmente é racional.
Se você tiver mais 2, provavelmente é sentimental.

Então, onde você está no espectro? Desenhe uma linha e trace onde você está.

Mais 1   **Mais 2**

"Eu te louvo porque me fizeste de modo especial e admirável."
SALMO 139.14

Guia de discussão

Caro Líder,

Este livro foi projetado para ser lido sozinho ou estudado em um ambiente de pequeno grupo. Pode ser usado em um grupo de casais, um grupo de mães, de mulheres ou de homens.

Quer você esteja em um grupo de dois ou de 200, os vídeos online grátis (disponíveis em inglês) iniciarão o tópico da semana e as perguntas para discussão de cada capítulo, guiarão sua conversa após o vídeo. Nossa esperança é fornecer as ferramentas para que você possa conduzir um diálogo de sucesso, enquanto seu grupo lê este livro junto. Se você não sabe por onde começar, fornecemos um modelo para trabalhar em cima. Se você é um líder experiente, as perguntas da discussão podem servir para melhorar suas próprias ideias.

Independentemente de você se encontrar em uma sala de estar ou em um auditório da igreja, o aspecto mais importante da reunião é criar relacionamentos de forma intencional. Você perceberá que, a

Não existem casamentos perfeitos

cada semana, haverá um formato consistente para discussão. Cada seção serve a um propósito na construção de relacionamento:

Vídeo (6 a 10 minutos)

Se você estiver confortável fazendo isso, abra cada reunião com uma oração. Dedique seu tempo ao Senhor e peça-lhe que conduza sua conversa. Se você não estiver confortável orando em voz alta, peça a outra pessoa do grupo que ore – ou, então, você pode permitir que Deus use essa oportunidade para fazer com que você cresça!

Quando um grupo se reúne semanalmente, é proveitoso começar com um vídeo. Cada vídeo está disponível gratuitamente online em www.nomoreperfect.com e foi projetado para focar em todos os tópicos em questão. Os vídeos têm duração de seis a dez minutos, tempo suficiente para apresentar o tópico e acrescentar uma perspectiva adicional a cada capítulo.

Aprofunde (20 a 45 minutos)

Essas perguntas são projetadas para facilitar a discussão. Os melhores grupos não são conduzidos por líderes que gostam de se ouvir falar, mas, sim, por facilitadores que gostam de ouvir os outros falarem. Não há nada para você "ensinar"; é para isso que serve o livro. Seu trabalho é fazer perguntas que ajudem a aprofundar a discussão e as formas de aplicá-la na vida. Você também deve dar o exemplo, respondendo às perguntas.

Se você estiver liderando a discussão, familiarize-se antes com as perguntas. Ao ler o capítulo, anote aquelas adicionais que você pode querer apresentar ao grupo. Certifique-se de orar pelo seu grupo e pela orientação de Deus, conduzindo a discussão.

Aplique (5 a 10 minutos)

A seção "Aplicar" é projetada para reflexão pessoal e, depois, para definição de metas. Isso ajuda o leitor a obter todas as informações que

Guia de discussão

leu e determinar sobre o que de valioso vai guardar. Essa é a aplicação para a vida diária que nos move para a ação. Você pode analisar essas sugestões de aplicação, incentivando cada membro do grupo a usá-las para empregar o que estão aprendendo no casamento.

Ore

Você pode optar por ter uma pessoa em oração frequentemente ou ter um tempo de oração em grupo. Você pode usar a oração inclusa no guia de discussão ou orar conforme conduz.

Lembre-se: da mesma forma que não existem casamentos perfeitos, também não há líderes perfeitos. Não exerça pressão desnecessária sobre si mesmo para ser o líder perfeito. É muito mais importante que você seja um líder autêntico e honesto. Relaxe, confie em Deus para guiá-lo, compartilhe honestamente, ria e divirta-se discutindo o livro junto com as pessoas.

CAPÍTULO 1

Conecte

Peça a todos que compartilhem com o grupo como eles conheceram seu cônjuge.

Aprofunde

Você pode (com a permissão do seu cônjuge) compartilhar um momento em que você parou de ver o "mundo cor-de-rosa" e pensou que as coisas não eram exatamente como você imaginava em um casamento?

O que você acha que é a melhor parte do casamento?

O que você acha que é a parte mais difícil do casamento?

Dos lentos desvanecimentos mencionados nas páginas 22-23, qual deles – apenas olhando o título – se assemelha com sua experiência?

Peça a alguém do grupo que leia Efésios 4.27 e João 10.10. Você consegue identificar algo que tenha permitido ao diabo se firmar em seu relacionamento?

Aplique

Fale com Deus esta semana sobre o seu casamento. Lembre-se, ele vê. Ele sabe. Ele se importa! Sim, o Senhor é maior do que qualquer situação difícil que você está experimentando agora.

Mande mensagens intencionalmente para seu cônjuge esta semana. Se você conseguir, envie mensagens de texto várias vezes durante o dia. No casamento, geralmente as pequenas coisas são grandes. Mensagens de texto podem parecer uma perda de tempo, tolices ou coisas difíceis

Guia de discussão

de lembrar – mas são uma ótima maneira de se manter na mente um do outro durante o dia todo.

Ore

Senhor, obrigado pelo presente do casamento. Obrigado por este estudo. Abra nosso coração para o que o Senhor quer que aprendamos e onde deseja que cresçamos. Ajude-nos a identificar as máscaras que usamos e a ver que elas são realmente tentativas veladas de encobrir nossas imperfeições. Mostre-nos como aceitar o imperfeito em nós mesmos e em nosso cônjuge e abraçar o processo de ambos sermos aperfeiçoados pelo Senhor. Em nome de Jesus. Amém.

CAPÍTULO 2

Conecte
Compartilhe com o grupo aonde você foi em sua lua de mel e uma boa lembrança que tem daquele momento. (Se você não teve uma lua de mel, fale sobre o motivo de terem tomado essa decisão e uma lembrança dos primeiros meses do casamento.)

Aprofunde
Descreva sua infância e adolescência e a formação pessoal, emocional e espiritual que você trouxe para o casamento.

O que o seu "estágio em casa" – ou seja, o tempo com sua família original – lhe ensinou positivamente sobre o casamento?

O que aquele período lhe ensinou negativamente sobre o casamento? Existe alguma coisa que você precisa mudar para alcançar um novo estágio?

O que você aprendeu sobre si mesmo quando fez o teste "How We Love"? Isso foi surpreendente? Seu cônjuge fez o teste? O que ele/ela aprendeu?

Qual foi o seu maior aprendizado neste capítulo?

Aplique
Só por hoje, dê um passo em direção ao seu novo estágio. Pegue um livro da biblioteca sobre o assunto. Procure tópicos nas Escrituras (por exemplo, pesquise no Google "palavra de Deus sobre raiva", ou "versículos bíblicos sobre críticas" ou, ainda, "O que a Bíblia diz sobre insegurança"). Se necessário, procure aconselhamento ou terapia para começar a ir mais a fundo.

Guia de discussão

Peça a Deus que lhe mostre momentos no seu projeto de vida quando mentiras que possam estar afetando a maneira de ver a Deus foram plantadas, como você se vê e como vê seu cônjuge.

Pegue esses momentos e comece a substituir as mentiras pela verdade de Deus na Bíblia. (Novamente, o Google pode ser útil. Digamos que você tenha identificado que em algum lugar foi plantada a mentira que não se pode confiar em Deus. Você pode pesquisar "versículos da Bíblia sobre confiar em Deus" e encontrará as promessas do Senhor para você).

Separe uma noite no calendário para os dois saírem juntos.

Ore

Pai, sabemos que o Senhor não desperdiça nada em nossa vida. Cada experiência – tanto boa quanto ruim – pode ser usada pelo Senhor para nossa edificação. Ajude-nos a examinar honestamente as presunções, mentiras e expectativas que levamos para o casamento e que estão nos prejudicando. Ajude-nos a identificar onde precisamos fazer novos estágios em casa em questões que fazem diferença em nossos relacionamentos. Mais do que tudo, nos ajude a encontrar nossa esperança e nossa ajuda em sua graça. Em nome de Jesus. Amém.

CAPÍTULO 3

Conecte
Quais atributos – ou pontos fortes – do seu cônjuge você considera seus favoritos? Ou o que você mais aprecia nele ou nela?

Aprofunde
Das oito ferramentas de Deus apresentadas neste capítulo, quais você acha que precisa usar com mais frequência? Por quê?

Pensem juntos em passos práticos que cada um possa dar, para começar a usar uma das ferramentas que lhes são necessárias com mais frequência.

Um pedido de desculpas completo consiste em reconhecer o que você fez de errado, se desculpando especificamente e pedindo perdão pelo ato cometido. Você se caracteriza por oferecer meias desculpas ou desculpas completas? Se opta pelas desculpas parciais, qual desses três passos é o mais difícil para você fazer? Por quê?

Qual foi o seu maior aprendizado deste capítulo?

Aplique
Quando você se sentir frustrado esta semana, faça estas duas perguntas:

    a. Isso me machuca ou apenas me irrita?
    b. Isso precisa ser corrigido ou somente aceito?

Quem precisa de algum amor "*desumanível*" em sua vida? Seu cônjuge? Sua sogra? Um dos seus filhos? Um vizinho ou colega de trabalho? Reveja o texto de Romanos 12.9-21. Qual instrução desses versículos você precisa colocar em prática hoje?

Guia de discussão

Cada ferramenta de Deus tem um versículo de acompanhamento com ela. Escreva em cartões os versículos das duas ferramentas de Deus que você precisa começar a usar mais frequentemente. Coloque esses cartões em algum lugar onde você os verá regularmente. (Obs.: Se você estiver liderando o grupo, convém trazer cartões para distribuir para que todos possam escrever seus versículos antes de irem para casa.)

Ore

Pai, o Senhor nos deu uma caixa de ferramentas cheia de equipamentos que não usamos tão frequentemente quanto deveríamos. Motive-nos a fazer mudanças. Quando explodirmos, nos ajude a voltar e começar nossa resposta novamente, usando a ferramenta certa na segunda vez. Ajude-nos a olhar para nós mesmos, em vez de seguir a tentação de culpar nosso cônjuge. Mais do que qualquer outra coisa, ajude-nos a encontrar nossa identidade no Senhor, a fim de que possamos construir nossa vida e nosso casamento no verdadeiro fundamento da verdade. Em nome de Jesus. Amém.

CAPÍTULO 4

Conecte
Qual foi a coisa mais surpreendente que você aprendeu sobre o casamento?

Aprofunde
Com quais expectativas você entrou no casamento e que, agora, percebe que eram irreais?

Conforme lia, você identificou alguma expectativa desconhecida que possa compartilhar?

Houve alguma expectativa não dita que você foi capaz de reconhecer?

Das descrições na página 84, qual você acha que é seu estilo mental? E o do seu cônjuge? Como você acha que conhecer e entender isso pode ajudar seu casamento?

Das expectativas saudáveis nas páginas 97-98, em qual você mais precisa se concentrar? Por quê?

Aplique
Peça a alguém que leia o texto de Filipenses 4.8. Como a passagem se aplica ao casamento? Saiba que aquilo que você fertilizar, é o que vai crescer. Reserve um tempo nesta semana para fazer uma "auditoria do pensamento" em que você, de forma honesta, se pergunte quais tipos de pensamentos estão fertilizando. São pensamentos negativos? Pensamentos de detecção de falhas? Pensamentos de acusação? Então, que tal desenvolver pensamentos amorosos? Pensamentos positivos? Pensamentos amáveis? Com base no texto lido, o que você precisa fazer a respeito de seus pensamentos?

Guia de discussão

Comece a prestar atenção aos seus pensamentos a respeito do seu cônjuge e seu casamento. Avalie se algum deles é alimentado por expectativas desconhecidas, não ditas, irreais ou não atendidas. Pegue sua ferramenta de Deus da coragem e compartilhe honestamente com ele e sobre o que você está descobrindo.

Se o seu cônjuge compartilhar alguma coisa com você esta semana, seja um porto seguro. Não reaja de forma exagerada. Encoraje a conversa com uma resposta como "Conte-me mais".

Ore

Senhor, sabemos que muitas vezes nossas expectativas atrapalham. Ajude-nos a ver os desafios do dia a dia com diferentes olhos. Mostre-nos como esperar as coisas certas. Ajude-nos a ficar longe do idealismo e das expectativas irrealistas que apenas resultarão em nossa própria decepção e desilusão. Queremos aprender a apontar nossos pensamentos na direção certa, honrar o Senhor e impedir os desvanecimentos em nosso casamento. Em nome de Jesus. Amém.

CAPÍTULO 5

Conecte

Seu casamento tem papéis específicos tradicionais (por exemplo, ela lava as roupas, ele cuida do quintal) ou você se desviou de alguns desses papéis tradicionais, para algo que funciona melhor para vocês dois? Se sim, como?

Aprofunde

Você pode compartilhar um momento fora do casamento em que você se sentiu minimizado? Você pode compartilhar um momento em que você fez a minimização?

Dos dois tipos de minimizadores identificados neste capítulo – interno e externo –, qual você tende a ser? Por que você acha que tem esse padrão de minimização?

Você tende a ser um reparador ou um sentimental? Quais foram seus pensamentos iniciais ao ler sobre a importância de validar?

Como está seu ritmo de vida? É um ritmo que permite ser grato e encontrar o espaço necessário para nutrir seu casamento?

Das seis maneiras de aumentar a tolerância e reduzir a minimização introduzidas nas páginas 110-111, qual você precisa colocar em prática para ontem? Qual é a maneira prática de dar um passo na direção certa?

Aplique

Avalie seu próprio ritmo. Qual é o passo que você pode dar hoje para aumentar sua tolerância em seu casamento?

Guia de discussão

Comece a prestar atenção na minimização que acontece dentro da sua cabeça. Quando você reconhecer, trabalhe para substituir minimização por validação. Não será fácil, mas é possível! Lembre-se, você está criando uma nova normalidade para o seu relacionamento!

Escreva o texto de Efésios 4.32 em um *post-it* e cole-o em algum lugar onde você o veja regularmente. (Obs.: Se você estiver liderando o grupo, convém trazer *post-its* para distribuir, a fim de que todos possam escrever seus versículos antes de irem para casa.)

Ore

Senhor, às vezes subestimamos a maneira como respondemos uns aos outros. Mostre-nos como ser sensíveis com o outro. Ajude-nos a entrar no mundo do outro e resistir à tentação de rotular o diferente como errado. Mostre-nos as ferramentas de Deus que precisamos usar todos os dias. Em nome de Jesus. Amém.

CAPÍTULO 6

Conecte
Como seus exemplos influenciaram suas expectativas do casamento?

Aprofunde
Quais foram os resultados do seu questionário sobre SOP, o sistema operacional pessoal (consulte a tabela de resumo na página 137)? Se o seu cônjuge fez o teste, o que vocês descobriram sobre o outro? (Obs.: Discutir o que cada pessoa/casal aprendeu e como essas descobertas mudarão a maneira como ela interage no casamento, ocupará a maior parte do tempo de discussão desta semana.)

Qual foi o seu maior aprendizado ao ler este capítulo?

Aplique
Comece a prestar atenção no que você aprendeu sobre si mesmo e/ou seu cônjuge. Abrace quem você é, e abrace quem o seu cônjuge é. Agradeça a Deus cada vez que você vir o seu sistema operacional pessoal em ação.

Identifique maneiras pelas quais o sistema operacional do seu cônjuge equilibra você. Diga-lhe o que você gosta sobre o sistema operacional dele e por que ele equilibra o seu.

Guia de discussão

Ore

Senhor, ajude-nos a lembrar que diferenças não são deficiências. Lembre-nos de que o Senhor nos une com personalidades e temperamentos únicos, e a união acontece quando aprendemos a apreciá-los um no outro. Ajude-nos a aceitar mais um ao outro. Corrija nosso coração quando o orgulho se infiltra nele e quer que acreditemos que o nosso caminho é o certo. Lembre-nos de falar gentilmente, cheios de graça e amor, ao interagirmos um com o outro. Em nome de Jesus. Amém.

CAPÍTULO 7

Conecte
Quais atividades que mais gostam de fazer juntos como casal?

Aprofunde
Das perguntas sugeridas para chegar ao cerne da questão nas páginas 144-145, qual você precisa se perguntar com mais frequência?

Discuta as seis frases de desarmamento nas páginas 146-147. Quais frases você tentou, se tentou alguma? Que tipo de resposta você obteve? Você tem alguma palavra ou frase adicional que possa compartilhar com o grupo, para ajudar a diminuir o desacordo e aumentar a comunicação?

Das estratégias proativas listadas neste capítulo, qual delas você incorporou? E qual você quer começar em breve?

Qual foi o seu maior aprendizado neste capítulo?

Aplique
Qual desvanecimento da discórdia você geralmente apresenta?
Discórdia → Controle → Esmagar
Discórdia → Discutir → Controle → Retira-se
Torna-se passivo → Retira-se → Mente
Um específico? _____ → _____ →
_____

Peça a Deus que o ajude a se tornar mais consciente quando você entrar nesse desvanecimento.

Guia de discussão

Escolha uma passagem da Bíblia sobre o peso de nossas palavras na página 146 e anote-a em um cartão. Coloque esse cartão em algum lugar onde você possa vê-lo todos os dias. (Obs.: Se você estiver liderando o grupo, convém trazer cartões para distribuir, a fim de que todos possam escrever suas rotinas antes de irem para casa.)

Ore especificamente pelo seu cônjuge esta semana. Se você achar útil, pode escrever suas orações em um caderno ou diário.

Ore

Senhor, a discórdia faz parte da vida de duas pessoas imperfeitas que vivem sob o mesmo teto. Nós sabemos e entendemos isso. No entanto, a maneira como respondemos às desavenças, pode nos aproximar ou nos afastar um do outro. Ajude-nos a escolher as respostas que desarmam o conflito e aumentam a compreensão e a comunicação. Ajude-nos a pensar em estratégias proativas que possamos implementar, para diminuir o desacordo e sermos sábios quanto à maneira como interagimos uns com os outros. Em nome de Jesus. Amém.

CAPÍTULO 8

Conecte

Cite algo da sua lista individual de coisas para fazer antes de morrer.

Aprofunde

Quando você pensa sobre seu lar de origem (seus primeiros dezoito anos), que experiência teve com a raiva? E quanto ao tom de voz? Você já realizou alguma dessas experiências em seu casamento?

Que palavra descreveria a forma como você lida com o *feedback* do seu cônjuge? Por que você escolheu essa palavra?

Qual foi o seu maior aprendizado neste capítulo?

Aplique

1) Marquem uma data no calendário ou determinem uma oportunidade para conversar – em uma viagem de carro, por exemplo – e perguntem um ao outro algumas das questões de "*feedback* reflexivo" nas páginas 171-172. Pense nisso como uma jornada para o seu casamento!

2) Identifique qual ferramenta você precisa usar com mais frequência para deter o desvanecimento da defensiva em seu casamento.

Guia de discussão

Ore

Senhor, confessamos que, certamente, entramos no modo defensivo com muita facilidade. Construímos paredes em vez de pontes em nosso casamento. Ajude-nos a receber *feedback*. Mostre-nos como convidar nosso cônjuge para uma conversa contínua. Dê-nos coragem para substituir a comunicação passivo-agressiva, por uma comunicação direta, gentil e honesta. Mais do que tudo, no entanto, nos ajude a dar *feedback* positivo e palavras de incentivo com mais frequência. Que possamos construir um ao outro a cada dia. Em nome de Jesus. Amém.

CAPÍTULO 9

Conecte

Quais são os pequenos atos de bondade, consideração ou conexão que significam mais para você em seu casamento? (Outra maneira de verificar isso é dizer: "Eu adoro quando ele/ela faz _____.")

Aprofunde

Antes de ler este capítulo, com qual mentalidade você mais se identificava: "Estabelecer limites é importante para proteger seu casamento" ou "Estou no controle e 'regras' sobre estar com o sexo oposto são desnecessárias"? Sua mentalidade mudou de alguma forma depois de ler o capítulo?

Quais limites de redes sociais você e seu cônjuge possuem? Quais são os limites que você conhece de outros casais?

Das 21 barreiras mencionadas neste capítulo, qual delas você precisa colocar em prática nesta semana?

Aplique

Que miragens da alma você tem em sua mente? Confesse-as a Deus e peça-lhe que o ajude a se concentrar na verdade, e não nas mentiras.

Onde você está sendo ingênuo no que se refere à sua responsabilidade de proteger seu casamento? Que ferramenta de Deus você precisa usar com mais frequência para deter o desvanecimento da ingenuidade?

Guia de discussão

Ore

Senhor, confessamos que, muitas vezes, somos ingênuos em proteger nosso casamento. Também confessamos que somos mais afetados pela pressão dos colegas do que imaginamos, porque não queremos ser considerados "puritanos". Ajude-nos a olhar somente para o Senhor no que quer que façamos. Dê-nos a sabedoria para evitar a tentação. Quando nos depararmos com isso, ajude-nos a correr na direção oposta. Que possamos ser intencionais em parar o desvanecimento da ingenuidade e levar a sério a proteção de nosso casamento. Em nome de Jesus. Amém.

CAPÍTULO 10

Conecte
Se você pudesse tirar uma semana de férias em qualquer lugar do mundo, para onde iria? Por quê?

Aprofunde
Este capítulo foi confortável para você ler ou foi desconfortável porque você não gosta de pensar em compartilhar sentimentos?

Dos passos práticos para desenvolver o seu músculo de vulnerabilidade listado nas páginas 209-211, qual deles você já está praticando? Qual deles você sabe que precisa começar a fazer? Por quê?

Comente sobre esta afirmação: *Se eu resistir a ficar nu emocionalmente, vou impedir nosso relacionamento de ser tudo o que pode ser.* Você concorda? Discorda? Que sentimento essa afirmação causa dentro de você?

Aplique
Peça a Deus a coragem de compartilhar mais de sua história, de seus pensamentos, de seus medos e de suas lutas com seu cônjuge. Dê um passo para fazer isso esta semana.

Faça um inventário de como e onde você está causando um desvanecimento em seu casamento ao evitar as emoções. Apenas uma vez por semana, enfrente o medo e confie em seu cônjuge, compartilhando um sentimento que sente (com relação ao trabalho, aos filhos, à família, ao casamento etc.) com ele/ela.

Guia de discussão

Ore

Senhor, é assustador estar emocionalmente nu. No entanto, o Senhor não nos desenhou para estarmos fisicamente nus no casamento sem, primeiro, nos desnudarmos emocionalmente. Ajude-nos a saber como compartilhar nosso coração um com o outro. Mostre-nos como tornar seguro para nosso cônjuge compartilhar seu coração conosco. Que nos sintamos motivados a passar de uma versão 1.0, com medo de ser vulnerável, para uma versão 2.0 corajosa, honesta e aberta de nós mesmos. Em nome de Jesus. Amém.

CAPÍTULO 11

Conecte

O que é desafiador sobre dedicar tempo para conversar como um casal? O que você acha que funciona para você dedicar tempo para conversar como um casal?

Aprofunde

Onde você tem mais dificuldade no casamento com "O que você sente vontade de fazer" *versus* "O que Deus quer que você faça"?

No geral, qual ferramenta de Deus é a que você precisa usar com mais frequência? Qual é o passo prático que você pode dar para que isso aconteça com mais frequência?

Qual foi o seu maior aprendizado deste livro?

Aplique

Volte ao capítulo 3 e escreva a passagem que acompanha a ferramenta de Deus que você precisa usar com mais frequência. Escreva essa passagem em algum lugar que você possa ver regularmente.

Peça a Deus que continue a aperfeiçoá-lo, tornando-o mais parecido com Jesus Cristo todos os dias. Continue a aprender a interagir e responder ao seu cônjuge de maneiras novas, gentis, honestas, vulneráveis e cristãs.

Guia de discussão

Ore

Senhor, este livro nos obrigou a ir mais fundo. Não é fácil olhar para nós mesmos e identificar lugares em que precisamos crescer. No entanto, é importante. Continue nos mostrando como responder um ao outro de uma maneira mais amorosa e piedosa. Continue nos ajudando a usar nossas ferramentas de Deus com mais frequência. Mais do que tudo, ajude-nos a ver como cada um de nós contribui para o desvanecimento de nosso casamento e como cada um de nós pode fazer nossa parte para detê-lo. Em nome de Jesus. Amém.

Agradecimentos

Este livro é um projeto de colaboração no sentido mais verdadeiro. Não apenas compartilhamos nossa história, mas muitos de nossos amigos nos permitiram compartilhar a deles também. Especificamente, queremos expressar nosso agradecimento:

A todo casal que compartilhou sua história, suas frustrações, alegrias e descobertas conosco. Sua honestidade ajudou a formular a mensagem deste livro.

Às pessoas fabulosas que compõem a equipe de liderança do Hearts at Home. É uma alegria servir com um grupo tão maravilhoso de homens e mulheres.

A Tom e Sue: Obrigado por compartilhar sua casa do lago! Isso nos deu o lugar perfeito para escrever. Nós amamos vocês e somos muito gratos.

A Michelle Nietert: Obrigado por ler o livro antes da publicação e *oferecer feedback* da perspectiva de uma terapeuta. Você ajudou a torná-lo um recurso mais robusto para casais!

Não existem casamentos perfeitos

Aos nossos pré-leitores e equipe de frases de efeito que deram um valioso feedback inicial: Scott e Bonnie; Skip e Phyllis; Steve e Cassie; John e Robyn; Lori e Hugh; Megan, Becky, Darlene, Jenn, Sara, Rebecca, Rochelle, Susan, Tina, Marcia, Marci, Ashley, Pam, Julie, Courtney, Rachel, Thanh, Sheryl e J'Lynn! Vocês são demais! Obrigado por ler, questionar, adicionar pensamentos, fazer perguntas, criar frases de efeito e fazer sugestões. Todos vocês tornaram este livro melhor!

À nossa equipe de oração: Obrigado por criar uma barreira de proteção enquanto escrevíamos!

À equipe do Moody Publishers: Nós amamos a parceria com todos vocês em nossos livros *Hearts at Home*! John, Betsey, Zack e Janis – vocês são os melhores!

À nossa família: Obrigado por torcer e acreditar em nós. Obrigado, também, por permanecerem firmes durante o período escuro. Todos nós assistimos Deus trabalhar sentados na primeira fileira!

A Deus: Obrigado por redimir os lugares deficientes em nossa vida e em nosso casamento. O Senhor é o Redentor e o que nos dá novos sonhos! Este livro é uma prova disso.

CONECTE-SE COM
Mark & Jill

Caro leitor,

Adoraríamos saber como este livro o encorajou pessoalmente! Vamos nos conectar online! Quer continuar sendo incentivado? Inscreva-se no blog de Jill e receba as postagens do *#MarriageMonday* que escrevemos todas as semanas. Procurando um palestrante para o seu próximo evento matrimonial? Você pode nos solicitar como palestrantes em www.jillsavage.org.

E-mail (Jill): jill@jillsavage.org
E-mail (Mark): jamsavage7@yahoo.com
Website e Blog: www.jillsavage.org
Facebook: https://www.facebook.com/jillsavage.author
Twitter (Jill): @jillsavage
Twitter (Mark): @mark_savage
Instagram: @ jillsavage.author

Não existem casamentos perfeitos

Certifique-se de acessar a página *No More Perfect Marriages* em www.nomoreperfect.com e inscreva-se para receber notificações sobre novos recursos do *No More Perfect Marriages* assim que estiverem disponíveis! Queremos ajudá-lo a compartilhar o que você aprendeu e continuar sendo incentivado.

Juntando-se a você na jornada,

Mark e Jill

SOBRE OS *autores*

Mark e Jill Savage são apaixonados por encorajar, educar e equipar famílias. Depois de servir no ministério da igreja por vinte anos, os Savage estão atendendo às necessidades das famílias como autores e palestrantes. Conhecidos por sua honestidade, humor e ensino prático, Mark e Jill trazem esperança e encorajamento para todos os públicos.

Jill é autora de nove livros, incluindo *Real moms... Real Jesus* (Mães reais... Jesus real) e *Não existem mães perfeitas* (Editora Geográfica). Ela é coautora do livro *Better Together* (Melhores juntos) com sua filha Anne. Juntos, Mark e Jill são os autores de dois livros: *Living with Less So Your Family Has More* (Vivendo com menos, para sua família ter mais) e *Não existem casamentos perfeitos* (Editora Geográfica). Pais de cinco filhos adultos e com três netos, os Savage chamam de lar a sua casa em Normal, Illinois.

Não existem casamentos perfeitos

Deseja solicitar que os Savage falem em seu evento matrimonial?
Quer trazer um evento de *Não existem casamentos perfeitos* para sua igreja ou comunidade?
Você pode fazer as duas coisas em www.jillsavage.org!

Hearts at Home é dedicado a dar às mães educação e incentivo contínuo em todas as fases da maternidade. Um dos nossos recursos mais impactantes é a conferência de *Hearts at Home*. As conferências, com a participação de mais de dez mil mulheres por ano, proporcionam uma maneira única e acessível de recarregar suas baterias de mãe. Os eventos da conferência *Hearts at Home* são um excelente refúgio de fim de semana para indivíduos, grupos de mães ou apenas para aproveitar o tempo com aquela amiga, irmã ou cunhada especial.

Além deste livro e de eventos de conferência, você pode se inscrever para receber gratuitamente uma newsletter mensal chamada *Hearts On-The-Go*. Visite o site do *Hearts at Home* e participe da conversa no Facebook, no Instagram e no Twitter.

Hearts at Home
1509 N. Clinton Blvd. Bloomington, IL 61701
Telefone: (309) 828-MOMS
E-mail: hearts@heartsathome.org
Web: www.heartsathome.org
Facebook: heartsathome
Twitter: hearts_at_home
Instagram: heartsathome